CONNAISSANCE DE L'ORIENT

COLLECTION UNESCO
D'ŒUVRES REPRÉSENTATIVES

SÉRIE INDIENNE

PUBLIÉE EN VERTU D'UN ACCORD ENTRE L'UNESCO ET LE GOUVERNEMENT INDIEN
AVEC LA COOPÉRATION DES EXPERTS DU
CONSEIL INTERNATIONAL DE LA PHILOSOPHIE ET DES SCIENCES HUMAINES
ET DE M. ÉTIEMBLE, REPRÉSENTANT LES ÉDITIONS GALLIMARD.

Conformément aux règlements de l'Unesco, cette traduction a été relue par M. Gilles Philibert, professeur délégué à l'Institut national des langues et civilisations orientales.

Le testament de Krishnokanto

par
Bankim Chandra Chottopâdhyâya
(B. C. Chatterji)

TRADUIT DU BENGALI,
PRÉFACÉ ET ANNOTÉ
PAR NANDADULAL DÉ

nrf

GALLIMARD/UNESCO

Titre original :

KRISHNOKANTER WILL

A Monsieur le professeur ÉTIEMBLE

qui m'a conseillé ce travail,
l'a dirigé et m'a toujours accueilli
avec la plus grande bienveillance.

En témoignage de ma profonde
gratitude.

PRÉFACE

C'est en 1878 que parut *Krishnokanter Will (Kr̥ṣṇakânter Uil)*, « Le Testament de Krishnokanto », chef-d'œuvre romanesque de Bankim Chandra Chottopâdhyâya [1]. Afin de mieux apprécier cet ouvrage, que l'on peut considérer comme le premier de l'ère moderne, il convient de rappeler rapidement ce qu'avaient été les lettres jusqu'à lui.

Si l'on envisage la littérature produite entre le xe [2] et le xviiie siècle, deux caractéristiques nous frappent. D'une part, chaque poète, esclave de conventions très strictes, était dans l'obligation d'imiter ses prédécesseurs pour faire une œuvre conforme aux canons traditionnels et cet asservissement à des règles austères engendrait la monotonie d'une littérature privée du flot spontané, de l'élan vital, de la verve de la littérature actuelle. D'autre part, la religion formait un étau auquel nul ne semblait pouvoir échapper. C'est ainsi que dans *Caryâgîti* [3], le plus ancien monument de la littérature bengalie, ou dans les *poèmes Maṅgala*, œuvres poétiques adressées aux différentes divinités, la présence du surnaturel, les panégyriques de la religion et les louanges adressées aux dieux prédominent. A force

1. En translitération le nom « Chottopâdhyâya » serait transcrit de la manière suivante : Caṭṭopâdhyâya. La forme anglicisée du nom est « Chatterji ».

2. Aucun document ne permet de faire remonter plus haut la littérature bengalie.

3. Chants mystiques écrits en ancien bengali entre 1050 et 1200.

de glorifier les dieux, de démontrer leur puissance, les poètes d'autrefois oubliaient de décrire la vie humaine telle qu'elle se présente ici-bas. On peut d'ailleurs observer que les poètes des mystères et des miracles du Moyen Age en France suivaient plus ou moins la même voie. Toujours est-il que les dieux innombrables éclipsaient les hommes et empêchaient l'accès à la réalité.

Mais tandis que fleurissait encore cette littérature stéréotypée, de nouvelles tendances se firent jour à partir de la deuxième moitié du XVIIIe siècle. Dans les œuvres poétiques de Bharatchandra Ray (Bhâratcandra Rây) (1712-1760), chez Ramproshad Sen (Râmprasâd Sen) et autres adorateurs de Shyama (Çyâmâ) [1] qui lui adressaient des cantiques, ainsi que chez divers auteurs de complaintes, la voix de l'humanité commença à se faire entendre. L'*Annadamonggol* (Annadâmaṅgal) (1753), œuvre poétique de Bharatchandra (Bhâratcandra), attachée au monde et pénétrée de réalisme, recèle des éléments modernes. A côté des récits sur les dieux figure la description de la joie et de la souffrance des êtres humains, à cette époque d'anarchie qui entraînait famine, épidémies, misère noire, douleurs atroces. Et de même les chants de Ramproshad (Râmprasâd) à Shyama (Çyâmâ) expriment l'angoisse de l'homme désemparé, tandis que dans ses chants à Dourga (Durgâ) [2], reflets de la vie sociale, se mêlent peines, espoirs et rêves des Bengalis d'alors.

Enfin, au XIXe siècle, l'influence de l'Occident commença à se faire sentir, essentiellement par le canal de l'Angleterre et, au contact de l'enseignement, de la civilisation et de la littérature occidentales, la littérature bengalie connut un nouvel essor. Y a-t-il une relation entre le fait que le Bengale était la plus anglicisée des provinces indiennes et le fait qu'il fut aussi le berceau de tous les mouvements religieux, sociaux, politiques et culturels qui entraînèrent la Renaissance indienne ? Quoi qu'il en soit, la littérature bengalie devint la plus fertile et la plus importante de toutes les littératures indiennes, au point de jouer le rôle principal dans le renouvellement de l'Inde actuelle.

Pour ne citer qu'un exemple frappant de l'influence occidentale, à cette époque, sur les esprits cultivés, notons le cas de Michael Madhusudan Dutt (Madhusûdan Datta) (1824-1873),

1. Çyâmâ, autre nom de Kâlî (épouse de Çiva), déesse de la mort et de la destruction, dont la couleur est noire.

2. Durgâ, autre nom de l'épouse de Çiva.

le plus grand poète du XIXe siècle, et pionnier de la poésie moderne [1], dramaturge aussi, qui connaissait parfaitement non seulement le sanskrit, le télougou, le persan, l'hébreu, mais encore le latin, le grec, l'anglais. Toutes ses œuvres portent le sceau d'Homère, Ovide, Virgile, Dante, le Tasse, Pétrarque, Milton, Byron, La Fontaine, et il apparut véritablement au Bengale comme un révolutionnaire, son plus grand désir étant de libérer la littérature de conventions surannées.

On peut aussi faire mention de Jyotirindranath Tagore (1848-1925), un des frères aînés de Rabindranath Tagore, qui se consacra plus particulièrement au théâtre, et traduisit, entre autres, deux pièces de Molière : *Le Bourgeois gentilhomme* et *Le Mariage forcé* sous les titres de Haṭhât Nabâb (1881) et Dâye Poṛe Dâragraha (1902).

La création du collège de Fort William à Calcutta en mai 1800 ouvre une ère nouvelle dans la littérature bengalie, caractérisée tout d'abord par le développement et l'amélioration de la prose, à laquelle l'imitation du roman anglais contribua largement. Des journaux parurent, des drames, des romans, des essais, des nouvelles, des contes virent le jour et ainsi fut rompue la digue de l'uniformité. A partir de la deuxième moitié du XIXe siècle, on installa aussi des théâtres à l'instar de l'Occident. Et Râmnârâyan Tarkaratna (1822-1886) et d'autres auteurs, qui avaient commencé par écrire des pièces d'après les modèles sanskrits, donnèrent très vite la prépondérance à l'idéal shakespearien.

La poésie bengalie aussi subit l'influence de Shakespeare, Milton, Pope, Goldsmith, Scott, Moore et d'autres. Les poètes épiques d'une part, tels Michael Madhusudan Dutt (1824-1873), Hemchandra Bandyopadhyaya [2] (1838-1903), et Navin Chandra Sen (1846-1909) imitèrent de plus en plus la poésie épique de l'Occident. Les poètes lyriques d'autre part se remirent à l'œuvre, stimulés par la verve et l'imagination du romantisme de Shelley, Keats, Byron. Enfin, la fraîcheur des romans de

1. Il introduisit les vers blancs, le sonnet, le poème épique, l'épître héroïque, le poème didactique.

2. En translitération le nom « Bandyopadhyaya » serait transcrit de la manière suivante : « Bandyopâdhyâya ». La forme anglicisée est « Banerji ».

Bankim Chandra Chottopadhyaya assouvit la soif du public pour les récits et les contes épiques.

L'influence de l'Occident eut aussi pour effet de faire surgir dans la littérature bengalie un immense courant d'amour pour la Nature, exubérante au Bengale. Alors qu'elle apparaissait inanimée, inerte chez les poètes précédents, la Nature fut enfin chantée dans toutes ses diverses splendeurs et les poètes se sentirent en communion avec elle comme les romantiques anglais.

Enfin, c'est grâce à l'Angleterre que les écrivains découvrirent la langue de la prose. Celui que l'Inde considère comme le père de la prose bengalie, Rammohan Roy (1774-1833), ne lui avait pas pour autant acquis ses lettres de noblesse. Il fallut attendre la publication des œuvres de Iswarchandra Vidyasagar (1820-1891) telles que Çakuntalâ (1854), Sîtâr Vanavâs (1869), Bhrântivilâs (1869) pour que la prose littéraire bengalie acquît équilibre et rythme sans perdre sa précision et sa force d'expression. Bien que pondit (paṇḍit) [1], il sut mettre un frein à la verbosité traditionnelle, et la prose de Bankim Chandra Chottopâdhyâya (1838-1894), comme celle de Rabindranâth Tagore (1861-1941) et de Sarat Chandra Chottopâdhyâya (1876-1938), se modela sur la sienne.

Le premier « roman » bengali et indien fut *Âlâler Gharer Dulâl* (1858) de Peary Chand Mitra (1814-1883), plus connu par son pseudonyme de « Ṭekcãd Ṭhâkur ». C'est l'histoire, contée en langage parlé, de la ruine d'un garçon, gâté par une famille riche qui lui donnait trop de liberté, et celle de son salut par son frère cadet, garçon bon et honnête. Moralisant et réaliste, cet ouvrage, qui est bien un roman à proprement parler, manque pourtant de perfection. Un humour charmant l'anime, mais les épisodes en sont décousus, et les personnages ne subissent guère les conflits qui entraînent le dénouement inévitable d'un roman, si bien que la valeur historique d'*Âlâler Gharer Dulâl* est beaucoup plus grande que sa valeur littéraire.

Aussi, lorsque Bankim Chandra Chottopâdhyâya, avec sa prose tenant le juste milieu entre celle de Peary Chand Mitra et celle de Iswar Chandra Vidyasagar, publia son premier roman *Durgeçnandinî* (1865), ce fut un éclair dans le ciel de la littérature

1. Paṇḍit : brâhmane adonné à l'étude du sanskrit et des Écritures et qui fait autorité en matière de coutumes religieuses; par extension le terme désigne un savant ou un érudit.

bengalie : l'œuvre qu'il créait n'avait jamais eu de précédent, et elle était aussi soudaine qu'étonnante. Le premier roman vraiment digne de ce nom apparaissait enfin et l'un des plus grands romanciers de l'Inde venait de poser des fondations solides pour la littérature romanesque à venir.

*

Bankim Chandra Chottopâdhyâya naquit au Bengale dans le village de Kantalpara (Kãṭâlpâṛâ), district des 24-Parganas, le 26 juin 1838. Troisième fils de Yadav Chandra Chottopâdhyâya, qui occupait un rang élevé dans la société, il était issu d'une famille de brâhmanes orthodoxes et il subit son influence conservatrice qui, à son tour, se refléta dans ses œuvres sur le plan religieux et social. C'est ainsi que sa désapprobation, par exemple, à l'égard des réformateurs qui approuvaient le remariage des veuves apparaît nettement dans *Le Testament de Krishnokanto.*

Il commença ses études dans une école anglaise de Midnapour (Midnâpur) où il entra pour quatre ans en 1844 à l'âge de six ans. De santé fragile, il était peu attiré par les sports, mais il aimait jouer aux cartes, se passionnait pour l'histoire et possédait un don naturel pour la récitation. En février 1849, à son retour à Kantalpara, on le maria avec une jolie jeune fille d'un village voisin, âgée de cinq ans. Puis en octobre 1849, à l'âge de onze ans et demi, il fut inscrit au Hougli College où il se fit remarquer par de brillantes études et ses places habituelles de premier aux examens lui valurent même d'obtenir une bourse.

D'après les documents authentiques qui permettent d'établir ce que fut la vie littéraire de Bankim Chandra Chottopâdhyâya, on peut affirmer qu'il commença à écrire officiellement à l'âge de treize ans et demi. Il publia alors dans la revue *Songbad Probhakor (Saṃvâd Prabhâkar)* son premier poème et sa première composition en prose; il obtint un prix pour un concours de poésie lancé par *Songbad Probhakor (Saṃvâd Prabhâkar)* qui publia son œuvre le 18 mars 1853, et jusqu'en 1894, un mois avant sa mort, poursuivit la carrière littéraire ainsi commencée.

En 1856 il prit ses inscriptions au Presidency College de Calcutta et fut reçu premier à l'examen de Bachelor of Arts en 1858; cette année-là, la première où existait cet examen, dix candidats s'y présentèrent et Bankim Chandra Chottopâdhyâya fut l'un des deux candidats qui le subirent avec succès.

Puis il entra au service de l'administration de l'Inde britannique, où il fut nommé juge suppléant *(Deputy Magistrate)* et chargé de l'administration d'un district *(Collector)*. Tout en poursuivant son service, il se présenta en 1869 à l'examen de droit de Presidency College. Envoyé pour son premier poste à Joshore (Jessore), il n'oublia pas cette expérience qui se reflète dans la deuxième partie du roman de *Krishnokanter Will.*

Signalons aussi que vers la fin de l'année 1859 il avait perdu sa première femme et que, dès l'année suivante, il avait épousé Râjlakṣmî Devî, âgée de douze ans, de la famille célèbre de Caudhuri d'Hâliçahar. Mais c'est surtout l'année 1865 qui marque un souvenir indélébile dans la vie de Bankim Chandra, car c'est au cours de cette année que se produisirent des dissensions domestiques entre les frères de la famille de Chottopâdhyâya. Yadav Chandra Chottopâdhyâya partagea par testament toute sa propriété de Kantalpara (Kãrâlpâtâ) entre son second fils Sanjiv Chandra et son fils cadet Purna Chandra. Le fils aîné Shyama Charan et le troisième fils Bankim Chandra étaient privés de leur part légitime. C'est cet événement qui, suppose-t-on, suggéra à Bankim Chandra l'idée de *Krishnokanter Will (Le Testament de Krishnokanto)*, qu'il entreprit alors pendant un congé pour raison de santé à partir de juin 1876. A Calcutta, dans une réunion, il rencontra pour la première fois Rabindranâth Tagore et, au soir du 23 janvier 1882, celui-ci l'emmena chez lui à Jorasanko. A partir de ce jour, Tagore ne cessa de le vénérer et de profiter de ses conseils.

Bankim Chandra s'acquitta fort bien de ses fonctions dans plusieurs districts du Bengale jusqu'en 1891, date à laquelle il prit sa retraite. En janvier 1892, il fut décoré du titre de « Rai Bahadur », en janvier 1894 de celui de « Compagnon de l'Ordre de l'Empire des Indes » *(Companion of the Order of the Indian Empire)* en reconnaissance de ses services dans l'administration. Le Gouvernement reconnut en outre son mérite en le nommant secrétaire du Comité pour la révision des traitements des officiers ministériels et secrétaire adjoint au ministère des Finances. Son intrépidité, sa compétence lui permettaient presque toujours de l'emporter dans les conflits qui naissaient entre lui et les hauts fonctionnaires britanniques.

Vers le milieu du mois de mars en 1894, son diabète s'aggrava à l'extrême et il s'alita. Pendant un mois il souffrit énormément. A partir du 5 avril il se trouva dans un état comateux. Il reprit ensuite connaissance, mais ne retrouva pas la faculté de parler, et le 8 avril 1894 il mourait, âgé de cinquante-six ans.

Sa femme Râjlakṣmî Devi lui survécut de plusieurs années. Bankim Chandra avait eu d'elle trois filles : Çaratkumârî, Nîlâjkumârî et Utpalkumârî; aucun fils ne leur était né. De leurs filles aucune n'est encore en vie.

*

Durant les premières années de sa carrière littéraire, Bankim Chandra fit son apprentissage chez Îçvarcandra Gupta (1812-1859), le plus grand poète et auteur satirique du Bengale de la première moitié du XIXe siècle. Après être entré dans le monde littéraire comme poète et avoir écrit deux volumes de poésie, il ne tarda pas à se rendre compte que là n'était pas sa vocation et il aborda le genre romanesque. Il commença par écrire un roman en anglais intitulé *Rajmohan' s wife (La femme de Rajmohan)* publié en feuilleton dans la revue *Indian Field* en 1864; puis il se consacra, définitivement, au roman bengali. C'est en 1865 — date mémorable dans l'histoire du roman bengali — que parut *Durgeçnandinî*, le premier roman de Bankim Chandra. Dans un cadre pseudo-historique, l'auteur exprimait un sentiment jusque-là inconnu de la littérature indigène, l'amour en dehors de la vie conjugale, donnant naissance ainsi à un courant d'individualisme qui allait vite s'épanouir. Le point de départ de *Durgeçnandinî* était le conte *Aṅgurîyavinimay (L'Échange de bagues)* de Bhûdev Mukhopâdhyâya [1] (1825-1894), un des premiers auteurs de contes historiques. On remarque en outre une grande ressemblance entre l'attitude romantique d'Âyeṣâ, le personnage principal et celle de Rebecca de Ivanhoe. Doit-on croire que Bankim Chandra, comme il l'avait affirmé à ses amis, avait écrit son roman *Durgeçnandinî* avant de lire Walter Scott?

Pour les deux romans suivants, *Kapâlkuṇḍalâ* (1866) et *Mṛṇâlinî* (1869) Bankim Chandra eut recours également à des récits historiques. Le thème de *Kapâlkuṇḍalâ* (un des meilleurs

1. La forme anglicisée est Makherji.

romans qu'il ait écrits) est d'un lyrisme saisissant, et la manière dont il est exploité montre la grande habileté de l'auteur. C'est son œuvre la plus imaginative. Bankim Chandra a emprunté le nom de l'héroïne (qui est le titre du roman) à la mendiante de Mâlatîmâdhava du poète sankrit Bhavabhûti et l'influence de Çakuntalâ de Kâlidâsa se fait sentir dans la conception du personnage autant que celle de Miranda de Shakespeare. Mais la réalité a sa place dans l'œuvre, et les dunes, la mer et la forêt que l'auteur avait visitées à Negouan (Neguyã), à Midnapour (Midnâpur) y sont représentées.

Mṛṇâlinî (1869), roman sentimental et historique, a pour cadre le Bengale du XIIe siècle. Les protagonistes y apparaissent imparfaits, peu développés et peu vraisemblables et c'est la raison pour laquelle on suppose que *Mṛṇâlinî* a dû être écrit avant *Kapâlkuṇḍalâ*.

En 1872, soucieux de susciter une renaissance culturelle, Bankim Chandra fonda une revue mensuelle appelée *Baṅgadarçan (Miroir du Bengale)* où furent publiées presque toutes les œuvres qu'il produisit à partir de cette date : romans, contes, portraits humoristiques, essais historiques, articles, dissertations religieuses, critiques littéraires et examens critiques de livres. Bankim Chandra était profondément patriote et il nourrissait un grand espoir de gloire et de prospérité pour l'Inde. C'est dans le but d'inspirer au peuple des actes bienveillants et de l'inciter à remplir ses devoirs vis-à-vis de la société et de la patrie qu'il lança sa nouvelle revue.

Viṣavṛkṣa (L'Arbre vénéneux) (1873) fut le premier roman qui parut en feuilleton dans *Baṅgadarçan*. Ce fut aussi le premier roman familial qui fût inspiré de la société contemporaine. Au contact de l'Occident, les Bengalis avaient entrepris alors des réformes sociales et les deux questions les plus brûlantes étaient la polygamie (les brâhmanes ayant le droit de se marier avec autant de femmes qu'ils voulaient) et le mariage des veuves. Naturellement l'esprit de Bankim Chandra ne pouvait pas se tenir à l'écart de cette agitation et c'est ainsi qu'il créa *Viṣavṛkṣa*, puis plus tard *Krishnokanter Will*. Le premier de ces deux ouvrages présente un drame domestique suscité par le mariage d'une veuve : Nagendranâth, un jeune homme instruit et riche, menait une vie conjugale heureuse, quand par hasard il rencontra Kundanandinî, une jeune orpheline, et fut obligé de l'abriter chez lui. On la maria avec un des parents de sa femme Sûryamukhî, mais bientôt elle se trouva veuve et revint chez lui. Nagendranâth s'éprit de Kundanandinî, Sûryamukhî en prit connaissance et après avoir incité son mari à épouser Kundanandinî, elle quitta la maison sans que personne le sût. L'amour de Nagendranâth pour Kundanandinî s'éteignit bientôt et il se mit à la recherche de Sûryamukhî, qui avait été sauvée par un ascète d'une mort inévitable. Nagendranâth retrouva Sûryamukhî et tous deux se réconcilièrent. Navrée de douleur, Kundanandinî se suicida.

Ainsi, pour la première fois, la vie d'une famille de la bourgeoisie bengalie se révélait dans un roman, et le talent narratif du romancier s'y manifestait en plein essor, sans entraver le tempérament d'un poète réellement génial. Cette œuvre fut pourtant un échec pour l'auteur parce qu'il ne sut pas se contenter de décrire la vie telle qu'elle se présentait à lui, mais voulut donner des leçons de morale, ce qui le fit apparaître comme un réformateur un peu rétrograde en matière de conventions sociales. Il n'avait pu, en effet, se débarrasser de ses préjugés contre le mariage des veuves et son désir de peindre et de démontrer les conséquences dangereuses des passions mettait en lumière son attachement à la tradition.

Puis Bankim Chandra écrivit *Yugalâṅgurîya* (1874) et *Râdhârâṇî* (1875), simples histoires imaginaires dont l'intérêt vient des événements plutôt que des caractères et qui ne nous paraissent pas mériter une longue attention.

Indirâ (1873) par contre traite de la vie domestique avec une légèreté surprenante malgré les notations sociales qui l'accompagnent. Tout artiste est sollicité par la nouveauté et la variété. *Indirâ* et *Rajanî* (1877) en sont la preuve. En effet dans *Indirâ* toute l'histoire est contée à la première personne du singulier, par le personnage de ce nom et cette technique que Bankim Chandra dut apprendre à la lecture de *Robinson Crusoé* et de *David Copperfield*, représente une grande nouveauté dans l'histoire des romans bengalis.

Dans *Rajanî*, ce n'est pas un seul, mais chacun des personnages qui prend tour à tour le rôle du narrateur. La manière autobiographique de cette œuvre avait été suggérée à Bankim Chandra par *The Woman in White* (*La Femme en blanc*, 1860) de Wilkie Collins et le rôle de Rajanî, la jeune bouquetière aveugle, par le personnage de Nydia d'Edward Bulwer (Lord Lytton), telle qu'elle apparaît dans son œuvre *The Last Days of Pompeii* (*Les Derniers Jours de Pompéi*, 1834). L'art de Bankim Chandra atteint là une très haute qualité, tant par sa peinture des personnages que par son style spontané, aisé et naturel.

Le roman qui précède *Rajanî* (1877) est *Candraçekhar* (1875) dont l'action se situe au XVIIIe siècle. Malgré l'évocation de faits historiques, l'intérêt principal vient d'un amour à trois : mari, épouse et amant. Mais ce qui rend l'œuvre remarquable est le plein épanouissement d'un caractère, celui de Çaivalinî, l'épouse. Et, si l'introduction des sciences occultes enlève dans une certaine mesure de l'intérêt au roman, la fatalité inhérente à toute vie y est rendue de façon dramatique.

Dans l'ordre chronologique *Kṛṣṇakânter Uil (Krishnokanter Will)* apparaît en 1878 après son roman *Rajanî* (1877). L'alliance d'une imagination fertile et d'une vive sensibilité rapproche ce roman de nombreux romans occidentaux et la conception d'ensemble ressemble d'autre part beaucoup à celle de *Viṣavṛkṣa (L'Arbre vénéneux)*. Mais nous reviendrons plus loin sur cette œuvre.

En 1882, Bankim Chandra écrivit son meilleur roman historique : *Râjsiṃha*. La présentation des faits historiques est intéressante, mais la gravité du décor y est atténuée par l'introduction d'épisodes et de personnages fictifs.

Enfin, ses trois derniers romans marquent l'évolution du penchant de Bankim Chandra pour les problèmes sociaux. Arrivé à sa maturité, il allie de plus en plus art et morale. Si bien que dans *Ânandamaṭh*, *Devî Caudhurâṇî* et *Sîtârâm* il introduit largement des discussions mystiques et didactiques mêlées de réflexions personnelles.

Ânandamaṭh (1882) est un roman politique dont le sujet est le soulèvement des ascètes qui eut lieu au nord du Bengale en 1773. Bankim Chandra lui donna un sens politico-religieux. Il esquissa des personnages patriotes, désintéressés, inspirés par les préceptes de la *Gîtâ*, en lutte contre les forces supérieures des Anglais qu'ils tenaient pour des ennemis acharnés du pays, responsables de la famine épouvantable de l'année précédente (1772). Mais l'auteur étant un fonctionnaire de l'administration britannique aux Indes ne pouvait que montrer la fausseté de cette idée et attribua l'échec des ascètes à leur propre faiblesse plutôt qu'aux forces et à l'ingéniosité britanniques. Mais il ne faut pas en conclure que l'auteur admirait à l'extrême la domination anglaise. Il était au contraire attiré par le mouvement national qui rassemblait lentement ses forces et *Ânandamaṭh* en est l'expression évidente. Comme œuvre d'art ou d'imagination, on ne peut la considérer comme une création d'un grand mérite, mais tous les Bengalis et même les autres Indiens en font un évangile de patriotisme, supérieur à toutes les tentatives d'exposition de doctrines religieuses. C'est ce livre qui contient le célèbre chant nationaliste *Bande-Mâtaram (Je Te salue, Mère)*, qui suscita de nombreuses activités patriotiques et nationales dont l'aboutissement fut le mouvement terroriste issu du Bengale au début du XXe siècle.

Devî Caudhurâṇî (1884) donne un autre exemple de l'aspect conventionnel et moralisateur des romans sociaux de Bankim Chandra. Il prêche ici en faveur de la dépendance définitive des femmes à l'égard des hommes : Prafulla, la première femme d'un riche brâhmane, pauvre et négligée, devint le chef d'une bande de brigands, mais finit par accepter son mari qui se présenta subitement aux cours de ses aventures. Disons seulement que si l'histoire, romantique et réaliste à la fois (l'auteur avait lui-même rencontré des voleurs en Orissa), est décrite avec élégance, le personnage de Prafulla manque un peu trop de vraisemblance.

Quant à *Sîtârâm* (1887), le dernier roman de Bankim Chandra, il a pour thème la révolte d'un chef hindou contre la domination impuissante des musulmans. Le personnage central y est fermement décrit, mais les autres sont trop idéalisés et le style offre des négligences. Pourtant malgré l'exposé inévitable de doctrines religieuses la fatalité qui entraîne le drame rend l'œuvre émouvante.

Ainsi, un des points communs des meilleurs romans de Bankim Chandra est la fatalité qui pèse sur les hommes; attirés par la beauté féminine, ils s'y précipitent comme des insectes sur la flamme et s'y consument de douleur. S'étant rendu compte que la soif de beauté bouleverse presque toujours le cours de la vie, Bankim Chandra n'a épargné à aucun de ses grands héros cette fatalité : Gobindolal (dans *Kṛṣṇakânter Uil*), Pratâp (dans *Candraçekhar*), Bhabânanda (dans *Ânandamaṭh*), Mabârak (dans *Durgeçnandinî*), Sîtârâm en sont tous victimes. Même un homme comme Bhabânanda dans *Ânandamaṭh*, instruit, esprit délié et ferme, adonné à l'ascétisme, faillit abandonner sa mission. Tant il est vrai que l'auteur a été hanté par ces graves problèmes que posent les relations amoureuses et a eu le souci de montrer la grandeur de l'humanité qui affronte de tels combats.

Après ses romans, ce qui rehaussa le mérite de Bankim Chandra et contribua le plus à sa réputation, ce furent ses essais humoristiques et sérieux en plusieurs volumes. C'est lui qui importa pour la première fois l'humour de la littérature anglaise dans la littérature bengalie. Ses critiques des mœurs dépravées de la société et du mauvais goût littéraire de l'époque perdent en grande partie leur rudesse et leur causticité grâce à ce sourire et à cette grâce pétillante qui en font des satires agréables.

Les meilleurs essais humoristiques se trouvent dans *Lokarahasya* (1874) (augmenté et révisé en 1888), et dans *Kamalâkânter Daptar* (1875) augmenté en 1885 et publié alors sous le titre : *Kamalâkânta ;* celui-ci est présenté comme une suite de réflexions faites par Kamalâkânta, personne adonnée à l'opium, et nous pensons en l'évoquant aux rêves de Krishnokanto (Kr̥ṣṇakânta) sous l'empire de l'opium dans *Krishnokanter Will. Kamalâkânta* avait été, faut-il l'ajouter, inspiré des *Confessions of an English Opium-Eater* (*Confession d'un opiomane anglais*, 1821) de Thomas De Quincey.

Les essais sérieux de l'auteur sont recueillis en deux volumes et les sujets varient du positivisme à la critique littéraire. (Bankim Chandra s'appliqua tout particulièrement à expliquer les idées fondamentales de l'utilitarisme de John Stuart Mill et celles de l'humanisme positiviste d'Auguste Comte.) Son analyse de la condition économique agraire du Bengale est pénétrante. On souhaiterait qu'il ait porté le même intérêt à la vie du peuple. Mais peu à peu son esprit se tourna vers le mystérieux et le surnaturel. Il cessa de s'intéresser aux problèmes agraires et se mit à étudier la philosophie Saṃkhya et celle de la *Gîtâ*, auxquelles il consacra ses dernières années. Les résultats de ces recherches apparaissent dans les deux volumes, *Kr̥ṣṇacaritra (Caractère de Kr̥ṣṇa)* (1886), augmenté et révisé en 1892 et *Dharmatattva (Principes de la religion)* (1888), et l'on peut dire que *Kr̥ṣṇacaritra* est un monument d'analyse critique et de perspicacité historique. Ses essais religieux, vulgarisations de doctrines hindoues et de la *Gîtâ* en particulier, jouèrent un rôle important dans la renaissance de l'hindouisme et du nationalisme pendant le dernier quart du XIXe siècle.

Possédant à la fois les dons rares d'un romancier et d'un essayiste et l'âme d'un nationaliste ardent, Bankim Chandra se présenta comme un pionnier, prépara la voie pour la littérature bengalie à venir. Il gagna le cœur de tous les Indiens et nul autre écrivain bengali, avant ou après lui, n'a jamais joui d'une popularité aussi grande. « Monarque littéraire » incontesté jusqu'à l'apparition de Rabindranath Tagore, il avait une multitude de partisans et d'imitateurs au Bengale et ailleurs. Ses romans, traduits dans presque toutes les langues de l'Inde, leur donnèrent un élan nouveau. La plupart de ses romans sont aussi traduits en anglais.

*

Parmi tous les romans de Bankim Chandra, *Krishnokanter Will* présente assurément une supériorité incontestable. Plusieurs prétendent que du point de vue artistique, c'est son meilleur ouvrage. Quelques écrivains contemporains sont même allés jusqu'à affirmer que Bankim Chandra lui-même considérait *Krishnokanter Will* comme son chef-d'œuvre, et c'est la raison qui m'a poussé à entreprendre cette traduction.

Krishnokanter Will commença à paraître en feuilleton dans *Baṅgadarçan* à partir de décembre-janvier 1872 (Pauṣa 1282, année du calendrier indien). Les neuf chapitres avaient été publiés régulièrement pendant trois mois, quand *Baṅgadarçan* fut supprimée et la publication interrompue. Lorsque Sanjiv Chandra Chottopâdhyâya (1834-1889), le second frère aîné de Bankim Chandra reprit *Baṅgadarçan* en avril-mai 1874 (vaiçâkha 1284, année du calendrier indien), *Krishnokanter Will* commença à reparaître en feuilleton sans interruption dans la revue à partir du dixième chapitre. En janvier-février suivants (au mois de mâgha 1284, année du calendrier indien), le roman se terminait avec le quarante-septième chapitre (trente et un chapitres dans la première partie, quinze chapitres dans la seconde, plus un appendice).

Sous forme de livre, *Krishnokanter Will* parut pour la première fois en 1878. Cette première édition contenait cent soixante-dix pages. La deuxième parut en 1882, contenant cent soixante et onze pages. La quatrième et la dernière édition du vivant de l'auteur fut publiée en 1892; le volume atteignit alors cent quatre-vingt-seize pages, tandis que la troisième édition en avait cent soixante-douze. Dans aucune de ces quatre éditions il n'y avait de préface ni de notice. Le texte de la quatrième édition est considéré comme le texte définitif : c'est celui que j'ai suivi pour cette traduction.

En ce qui concerne la conception de *Krishnokanter Will*, les renseignements qu'on peut recueillir dans les écrits des auteurs contemporains sont très insuffisants. Dans la revue *Nârâyaṇa* d'avril-mai 1880 (vaiçâkha 1322, année du calendrier indien) parut l'article « Bankim Chandra à Kantalpara », écrit par Haraprasad Sastri (1853-1931) où il signalait le déménagement de Bankim Chandra à cause peut-être d'un testament de Yadav Chandra Chottopâdhyâya, son père. Il ajoutait que l'auteur se serait mis alors à écrire *Krishnokanter Will.* Dans le même numéro de la revue *Nârâyaṇa* un autre article intitulé « L'étang d'Arjunâ », écrit par Purna Chandra Chottopâdhyâya, le frère cadet du romancier, commençait ainsi : « Beaucoup ont identifié cet étang à l'étang de Barouni (Bâruṇî) dans *Krishnokanter Will.* Cela n'est pas vrai. L'étang de Barouni (Bâruṇî) est la création de l'imagination de Bankim Chandra. »

Dans le cadre de la société bourgeoise de l'époque, Bankim Chandra nous raconte ici l'histoire de la chute inéluctable de toute une famille, précipitée à la ruine par un amour insensé, le testament de Krishnokanto étant en quelque sorte le signe de la fatalité qui peu à peu oblige les êtres à se révéler et entraîne la catastrophe.

Le roman commence avec la première rédaction de son testament par un riche propriétaire terrien qui prétend léguer une part importante de sa fortune au neveu qu'il a élevé après la mort de son frère; Gobindolal, ce neveu bien-aimé, est alors marié avec une jeune femme qu'il aime tendrement et rien ne ternit leur bonheur. Mais lorsque le fils de Krishnokanto, Horolal, apprend la teneur du testament, il s'indigne et veut en faire un faux qui sera mis à la place de l'autre. Il va, pour cette action malhonnête, s'adresser à une jeune veuve, aussi légère que belle, Rohini. Et voilà le drame amorcé : Rohini, après avoir commis le vol du testament, est sensible au charme de

Gobindolal; elle veut remettre le premier testament qui était en sa faveur, se fait prendre à ce moment-là et comme Godindolal essaiera de la sauver du châtiment que veut lui imposer Krishnokanto, elle deviendra amoureuse de lui au point de tenter de se noyer, puis, tandis qu'il s'éloignera pour un voyage d'affaires, des bruits pervers le feront soupçonner par sa femme, la fidèle Bhromor, qui se refusera à le revoir. Et ce sera l'inévitable : Gobindolal s'enfuira avec Rohini, ils vivront clandestinement dans un bonheur peu sûr, jusqu'au jour où le coup de pistolet partira de la main de Gobindolal contre celle qui ne lui aura pas fait oublier sa femme, et celle-ci se laissera mourir lentement de chagrin sans avoir accepté de revoir son mari, sinon dans ses derniers moments. Quant à Gobindolal, à qui son oncle avait enlevé l'héritage au profit de Bhromor, il finit sa vie en mendiant pour expier sa faute.

Ainsi, bien que la mort de Krishnokanto se produise longtemps avant la fin du roman, c'est bien son testament qui est le point de départ du drame, puisqu'il crée des liens entre Gobindolal et Rohini, et c'est lui aussi qui porte le reflet du jugement de l'auteur sur ses personnages, puisque Gobindolal est finalement déshérité au profit de sa vertueuse épouse. Fidèle à lui-même et à ses opinions traditionalistes, Bankim Chandra ne manque pas l'occasion de donner une leçon de morale, mais la tragédie est ici menée avec une telle habileté, le sens dramatique est si grand qu'on lui pardonne volontiers ses remarques moralisatrices. Pas un instant l'intérêt ne se ralentit, et si l'action semble s'arrêter pour permettre d'entrevoir la nature riante d'un jardin, ce n'est que pour mieux rebondir, suscitée par cette halte même [1]. Tout lui est subordonné, et chaque événement nous achemine sûrement vers la catastrophe inéluctable. La conduite de l'ouvrage révèle la maîtrise d'un grand romancier.

Psychologue, Bankim Chandra ne l'est pas moins que conteur et ses personnages principaux représentent des types non seulement de l'Inde, mais de l'humanité entière.

Deux portraits antithétiques de la femme sont donnés avec Bhromor et Rohini. Bhromor, plus simple, plus pure dans sa conception, incarne la femme indienne idéale (et idéalisée par

1. Je pense à la page sur le chant du kokil qui contribue à rendre Rohini amoureuse. Cf. 1re partie, chapitre VI.

toute la littérature depuis les épopées anciennes) qui ne vit que pour son mari auquel elle est soumise jusqu'à la mort. Pieuse et vertueuse, elle émeut par ses qualités mêmes et sa résignation à souffrir.

Rohini, elle, est la femme pleine de charmes, plus passionnée que tendre, et qui ne recule devant aucune action, quitte à le regretter ensuite. Intelligente et peu scrupuleuse, elle ne craint pas de transgresser toutes les interdictions qui frappent les veuves pour fuir avec celui qu'elle aime. Assurément, l'auteur veut nous inciter à la condamner avec lui; mais il n'y parvient pas sans peine, il faut bien le dire, tant son art nous rend attachante cette créature frappée si jeune par le destin.

Quant à Gobindolal, sa complexité est plus grande encore. Au début enfant chéri de son oncle, et digne de l'être, meurtrier puis mendiant à la fin de l'œuvre, il nous montre une lente dégradation, dans laquelle nous avons du mal à saisir sa part de responsabilité. N'a-t-il pas cherché à s'éloigner de Rohini quand il a compris qu'elle l'aimait ? Et ne sommes-nous pas en droit de penser qu'il ne l'aurait jamais emmenée avec lui, si sa femme ne s'était pas refusée à le revoir ? Autant d'interrogations qui rendent le personnage étrangement vrai. C'est sans doute lui qui exprime le mieux à quel point l'homme est le jouet du destin.

Il faut noter que les caractères de Rohini et de Gobindolal tels qu'ils apparurent dans la revue *Baṅgadarçan* furent modifiés lors de la publication sous forme de livre. L'aspect impudique et cupide de Rohini, révélé par la revue, est à peu près maintenu dans la première édition, malgré une légère atténuation, mais il disparaît à partir de la seconde édition. Et tandis que Gobindolal se suicidait dans la revue et les trois premières éditions, dans la quatrième il retrouve la paix en expiant et en s'adonnant entièrement à la méditation.

Enfin, autour de ces trois figures de premier plan, évoluent des personnages secondaires d'une vérité étonnante. Le sentiment du devoir de Krishnokanto, la méchanceté d'Horolal, la cupidité de Brohmanondo et ses conflits intérieurs, la confiance en soi et l'astuce de Madhobinath, la lâcheté et la mesquinerie du receveur de la poste, la naïveté du facteur, la vie des serviteurs et des servantes, tout cela est vu avec une justesse remarquable.

Bankim Chandra d'ailleurs est aussi habile pour faire revivre le monde d'une aristocratie provinciale disparue que pour brosser un personnage. Aucun de ces petits faits dont dépend le bonheur paisible d'un foyer bengali ne lui échappe, et tous les tableaux esquissés portent la marque d'une connaissance approfondie de ce monde qu'il nous présente : bureau du propriétaire terrien, bureau de poste de campagne, assemblée des femmes, manière dont elles vont puiser de l'eau à l'étang, conversation des domestiques et des paysans nous donnent le sentiment que l'auteur a passé toute sa vie dans le monde qu'il évoque. Et c'est assurément avec son expérience personnelle qu'il décrit le tribunal et l'audition des témoins (dans la deuxième partie, douzième chapitre du roman), lui qui avait commencé à exercer ses fonctions de juge suppléant dans la ville de Joshore (Jessore). (L'idée d'un planteur d'indigo européen [cinquième chapitre de la deuxième partie] lui a d'ailleurs peut-être été suggérée par un certain européen appelé Morell, qui ravagea un village avec ses associés lorsque Bankim Chandra était à Khulna, alors subdivision de Joshore [Jessore].)

Faut-il dire un mot du style ? Ce qui nous frappe le plus et constitue assurément un progrès par rapport aux œuvres précédentes de Bankim Chandra, c'est l'absence de rhétorique et d'exagération. Sans doute, un lecteur européen peut trouver encore beaucoup de larmes et trop d'allusions à son gré au fonds épique auquel puisent tous les écrivains indiens, mais la sobriété de l'auteur dans cet ouvrage n'en est pas moins certaine. Il manie une langue noble avec fermeté et sa distinction n'enlève rien à sa netteté.

Il apparaît donc qu'à tous les points de vue *Le Testament de Krishnokanto* marque un sommet dans la production romanesque de Bankim Chandra. Son habileté à créer avec si peu de matière un ouvrage qui nous tienne en haleine, son art de faire vivre des personnages qu'il sait rendre attachants, son sens profond de la souffrance humaine, son style sobre et élevé, cette admirable harmonie enfin entre le cadre social et naturel et les passions qu'il évoque, tout dans ce roman, permet bien de dire de Bankim Chandra qu'il est le père du roman bengali.

*

Jusqu'ici ont paru de *Krishnokanter Will* trois traductions anglaises : la première a été faite par Miriam S. Knight et publiée par T. Fisher Unwin de Londres en 1895 avec une préface, un glossaire et des notes de J. F. Blumhardt, M. A.; la seconde par Dakshina Charan Roy qui parut dans la *Modern Review* de Calcutta en 1918; la troisième par J. C. Ghosh, publiée en 1962, en livre broché, par New Directions 333 Sixth Avenue New York 14, œuvre traduite pour la série indienne de la « collection Unesco d'œuvres représentatives ». La version de Miriam S. Knight suivait de près le texte original de la quatrième édition de 1892 supprimant une partie du seizième chapitre de la première partie du roman. Celle de J. C. Ghosh, établie à partir de la même édition, se lit fort agréablement, mais elle serre peut-être de moins près le texte original, et tend parfois à la paraphrase. J. C. Ghosh s'explique d'ailleurs à ce sujet à la fin de sa propre introduction. Quant à la version de Dakshina Charan Roy, elle suivait un texte différent.

Krishnokanter Will a été également traduit en hindi, en télougou et en kanara en 1898 à Patna par A. Upadhyaya, en 1910 à Mausalipattanam par C. S. Rao et en 1909 à Mysore par B. Venkatacharya.

Pour la traduction française j'ai suivi le texte authentique de la quatrième et dernière édition (1892), texte reproduit par Bangiya-Sâhitya-Parisat (Calcutta), 6e édition, 1363 de l'ère bengalie (1955). Afin de pouvoir suggérer le mieux possible au lecteur français la disposition, le style, les mœurs, l'esprit romanesque ou moralisateur, l'humour propres à cette œuvre bengalie, je me suis efforcé de rester toujours le plus près possible du texte et d'en donner une traduction littérale. Lorsque l'exact équivalent d'une expression ne me paraissait pas exister en français, j'ai tâché de choisir l'expression française qui me semblait en conserver l'esprit, et j'ai rappelé le texte original dans une note. Ceci ne s'est produit d'ailleurs que rarement.

Pour les noms propres des personnages du roman, au lieu d'une transcription scientifique qui — translitération ou transcription phonétique — exige des signes spéciaux, peu familiers au lecteur, j'ai adopté dans la traduction une transcription phonétique simplifiée qui reproduit, autant que le permet la valeur habituelle des lettres en français, le son des mots bengalis. Ainsi le nom qui est, en translitération, Kṛṣṇakânta a été simplifié en Krishnokanto, Rohiṇî en Rohini. La seule convention non française utilisée est, comme dans la plupart des transcriptions de langues indiennes, l'adoption des graphies anglaises *j*, *ch* et *sh* pour les sons qu'on note habituellement en français *dj*, *tch* et *ch* respectivement. Ces graphies anglaises ont en effet des chances d'être déjà connues du lecteur français, et une erreur éventuelle de prononciation reste sans gravité dans ce cas. Toutefois, pour les onomatopées, j'ai cru devoir adopter *tch* pour le son transcrit ailleurs *ch*, ceci afin de traduire le son fidèlement, fût-ce au prix d'une certaine lourdeur. C'est ainsi qu'on trouvera à la fin du chapitre VII de la première partie, les onomatopées *tcholot*, *tchholot ;* le deuxième *h* de ce deuxième mot n'est pas une coquille, il représente une aspiration réellement prononcée dans cette position en bengali. On comprendra que je n'aie pas cherché dans tous les cas à rendre ces sons complexes pour les Français. De même *ṭ* et *ḍ* représentent les occlusives rétroflexes qui n'existent pas en français.

En revanche, dans les notes et dans la préface, j'ai cherché à utiliser le plus possible un système scientifique de translitération analogue à celui qu'on utilise pour le sanskrit [1]; on en trouvera quelques exemples aussi dans la traduction, notamment pour des noms sanskrits. Mais pour les noms d'auteurs, surtout ceux d'auteurs connus, j'ai cru devoir, pour ne pas semer le doute dans l'esprit du lecteur, garder les transcriptions habituellement utilisées, malgré leur caractère non systématique et parfois peu fondé.

Je signale enfin que pour les noms d'arbres, de plantes, de fleurs, j'ai donné dans les notes le nom latin selon la nomenclature internationale récente, suivi le cas échéant du nom latin ancien.

Enfin je tiens à remercier très vivement M. le professeur Étiemble, sans l'aide et la compréhension de qui je n'aurais pu réaliser ce travail, M. Philibert, professeur à l'Institut national des langues et civilisations orientales, qui a soigneusement revu ma traduction et m'a donné de précieux conseils, Mlle Anne-Marie Moulènes enfin, alors assistante à l'Institut de littérature générale et comparée de la Sorbonne, qui m'a soutenu par ses encouragements et dirigé grâce à une constante coopération.

N. D.

1. Faute de pouvoir placer à la fois sur une même lettre le signe de la longue (¯) et le signe de la nasale (˜), nous avons dû utiliser le caractère ā̃ pour noter le *ã* long nasal.

Première partie

CHAPITRE PREMIER

Dans le village de Horidragam vivait une famille de jomidârs [1], dont le chef s'appelait Krishnokanto Ray. Sa fortune était immense : le revenu de sa propriété atteignait deux cent mille roupies [2]. C'est lui-même et son frère Ramkanto Ray qui avaient gagné cette fortune et ils s'entendaient à merveille. Jamais l'ombre d'un doute n'était née dans l'esprit de l'un d'eux sur l'honnêteté de l'autre. Ils vivaient d'ailleurs ensemble. Toute la propriété était au nom de Krishnokanto. Mais lorsque Ramkanto eut un fils, Gobindolal, il prit en lui-même une décision : celle de faire reconnaître par acte notarié le droit de son fils sur la propriété; car il était préjudiciable à l'intérêt de son fils que la propriété acquise par les deux frères fût au nom d'un seul; et bien qu'il eût une confiance absolue en la probité de Krishnokanto, il ne pouvait en rien présumer de ce que feraient ses fils après sa mort : comment le savoir ? Mais il trouvait difficile de parler de cette légalisation à son frère : je vais en

1. Jomidâr (aussi écrit zemindâr ou zamindâr) désigne les grands propriétaires terriens qui, dans l'Inde britannique, étaient chargés de la collecte de l'impôt et de certaines responsabilités administratives et judiciaires. Ils possédaient des terres immenses sur lesquelles ils régnaient, tels les seigneurs français du Moyen Age.

2. Deux cent mille roupies : somme considérable, même énorme à l'époque, qui permettait un train de vie princier. La valeur actuelle (1972) d'une roupie est d'environ 63 centimes; son pouvoir d'achat était environ trente fois plus élevé à l'époque où se situe ce roman.

parler aujourd'hui, je vais en parler demain... Et il hésitait ainsi, lorsqu'un jour, obligé d'aller sur des terres affermées, il y trouva subitement la mort.

Aucun obstacle ne s'opposait désormais à ce que Krishnokanto, s'il en avait eu l'intention, accaparât toute la fortune au détriment de son neveu. Mais Krishnokanto ne nourrissait pas de tels desseins. Il continua à élever Gobindolal dans sa propre famille avec ses propres fils, sans faire de distinction, et il avait l'intention de léguer par testament à Gobindolal, avant de mourir, ce qui revenait légalement à Ramkanto, soit la moitié de la fortune qu'ils avaient acquise ensemble.

Krishnokanto Ray avait deux fils et une fille; le fils aîné s'appelait Horolal, le second Binodlal, et la fille Shoïloboti. Voici comment Krishnokanto fit son testament : après sa mort Gobindolal posséderait huit annas [1] de sa fortune, Horolal et Binodlal chacun trois annas, sa femme un anna, Shoïloboti un anna.

Horolal était très indiscipliné, il désobéissait à son père et lui parlait grossièrement. Les testaments des Bengalis restant rarement secrets, Horolal apprit la teneur de celui de son père. Quand il prit conscience de la situation, rouge de colère, il lui dit :

— Qu'est-ce que tu as fait là ? Gobindolal hérite de la moitié et moi, je n'ai que trois seizièmes!

— Ce que je fais est juste, je lui ai donné la moitié qui revenait à son père, répondit Krishnokanto.

— Qu'est-ce qui est dû au père de Gobindolal ? Qui est-il pour prendre notre patrimoine ? Et puis nous allons faire vivre notre mère et notre sœur. Pourquoi leur as-tu donné un seizième à chacune ? Écris plutôt que tu leur accordes seulement de quoi manger et se vêtir.

— Mon cher Horolal, reprit Krishnokanto irrité, la propriété est à moi et non à toi, je peux la donner à qui je veux.

1. L'anna est une division de la roupie valant un seizième. Mais les annas servent aussi à exprimer les fractions et sont dans cet emploi l'équivalent de nos pourcentages. Le total valant 16 annas, chaque anna représente 1/16 du total ou 6,25 %.

— Tu perds la tête, je ne te laisserai pas faire ce que tu veux.

Krishnokanto rougit de colère :

— Horolal, si tu étais plus jeune, j'enverrais chercher un maître d'école pour te battre à coups de canne.

— Quand j'étais enfant, j'avais brûlé la moustache du maître d'école, maintenant je vais, de la même manière, brûler ce testament.

Sans en dire plus long, Krishnokanto déchira de ses propres mains le testament et, à la place, en fit écrire un autre qui léguait à Gobindolal huit annas, à Binodlal cinq annas, à sa femme et à sa fille chacune un anna, et un anna seulement à Horolal.

Furieux, Horolal quitta la maison paternelle et s'en alla à Calcutta, d'où il écrivit une lettre à son père. Voici à peu près ce qu'il y disait :

« A Calcutta, les pondits [1] sont d'avis que le mariage des veuves est conforme aux Écritures; aussi j'ai pris la décision de me marier avec une veuve. Si vous ne changez pas sans tarder le testament pour m'accorder huit annas, et si vous ne le faites pas enregistrer, j'épouserai une veuve, sinon je renoncerai à ce dessein. »

Horolal croyait que Krishnokanto, pris de panique, changerait le testament et augmenterait sa part de possession. Mais la réponse de Krishnokanto ne lui laissa aucun espoir; il lui écrivit :

« Je ne te reconnais plus pour mon fils. Tu peux te marier avec qui tu veux, je donnerai ma propriété à qui je voudrai; si tu fais ce mariage, je changerai certainement le testament, mais tu y perdras plus que tu n'y gagneras. »

Quelque temps après, Horolal fit savoir à son père qu'il avait épousé une veuve.

Krishnokanto, une fois de plus, déchira le testament pour en faire un nouveau.

Dans le quartier habitait un homme d'une douceur et d'une amabilité extrêmes, du nom de Brohmanondo Ghosh. Il appelait

1. Pondit (paṇḍit) : brâhmane adonné à l'étude du sanskrit et des Écritures et qui fait autorité en matière de coutumes religieuses; par extension le terme désigne un savant ou un érudit.

Krishnokanto « Oncle [1] » et ce dernier le traitait avec bienveillance et l'aidait même à vivre. La très belle écriture de Brohmanondo l'avait désigné pour tous les actes officiels et c'est donc lui que Krishnokanto fit venir le jour même :

— Viens ici après le repas. Il faut que tu écrives un nouveau testament.

Binodlal, qui était là, demanda :

— Il faut encore changer le testament ? Dans quel but ?

Krishnokanto répondit :

— Cette fois-ci, la part de ton frère aîné sera zéro.

— Ceci n'est pas bien, dit Binodlal, il est peut-être coupable, mais il a un fils encore enfant qui est tout à fait innocent. Que va-t-il devenir ?

— Je lui donnerai un paï [2].

— Que représentera un paï dans le partage ?

— Mon revenu est de deux cent mille roupies, la soixante-quatrième partie de cette somme fait plus de trois mille roupies. Avec cela un homme peut facilement faire vivre une famille. Je ne donnerai pas plus.

Binodlal essaya vraiment de le persuader, mais il ne put le faire changer d'avis.

1. Plus précisément « frère aîné du père »; on appelle fréquemment « oncle » au Bengale un voisin plus âgé. Le choix entre les divers oncles (frère aîné ou cadet du père, frère de la mère, mari de la sœur du père) dépend de la différence d'âge et de fortune; cf. p. 42, note 3. De même les noms « père », « mère », « frère », « sœur », etc., sont souvent employés sans liens de parenté.

2. Paï est employé ici comme synonyme de *poësha* (« pice » dans la transcription anglaise). Le poësha vaut un quart d'anna et par conséquent un soixante-quatrième de roupie; ici il désigne donc un soixante-quatrième de la fortune. Le mot paï désignait aussi une pièce valant un tiers de poësha qui n'a plus cours depuis longtemps.

CHAPITRE DEUXIÈME

Brohmanondo, après avoir pris son bain et son repas, était sur le point de faire la sieste, quand il eut la surprise d'apercevoir Horolal, qui vint s'asseoir à son chevet.

— Comment, mon ami, toi ? Quand es-tu rentré chez toi ? demanda Brohmanondo.

— Je n'y suis pas encore allé.

— Tu es venu directement ici ? Il y a combien de temps que tu es revenu de Calcutta ?

— Il y a deux jours que je suis revenu de Calcutta. Ces deux jours, je suis resté caché quelque part. Est-il vrai qu'on va faire un nouveau testament ?

— C'est ce que j'entends dire.

— Cette fois, ma part sera zéro ?

— Le maître le dit sous l'effet de la colère, mais cela ne durera pas.

— Cet après-midi, on doit écrire l'acte; tu l'écriras ?

— Que puis-je faire, mon ami ? Si le maître me le demande, je ne peux pas refuser.

— Non, mais qui te le reproche ? Est-ce que maintenant tu veux gagner quelque chose ?

— Des coups, des gifles ? Tu n'as qu'à me frapper.

— Mais non, je te propose mille roupies.

— En épousant une veuve ?

— Oui.

— Je n'ai plus l'âge.

— Alors je te propose une autre solution, commence tout de suite. Prends quelque chose d'avance.

En disant ces mots, Horolal mit dans la main de Brohmanondo un billet de cinq cents roupies.

Brohmanondo le tourna et le retourna dans sa main en le regardant :

— Que ferai-je avec ça ? dit-il.

— Mets-le de côté. Tu donneras dix roupies à Moti la laitière.

— Je n'ai rien à faire avec le monde des laitiers. Mais qu'est-ce que je dois faire exactement ?

— Taille deux plumes, qu'elles soient absolument pareilles.

— D'accord, mon frère [1], tout ce que tu dis, je le fais.

En disant cela, Monsieur Ghosh prit deux plumes neuves et les tailla de façon identique. Il essaya d'écrire et constata qu'elles écrivaient toutes les deux de la même manière.

Alors Horolal lui dit :

— Prends une de ces plumes et mets-la dans une boîte. Quand tu iras écrire le testament, tu l'emporteras et c'est elle que tu utiliseras. Avec la seconde plume, on va rédiger maintenant un acte. As-tu de la bonne encre ?

Brohmanondo sortit son encrier et lui montra un échantillon d'écriture.

Horolal reprit :

— Bon, tu emporteras cette encre pour écrire le testament.

— Il n'y a donc chez vous ni encrier ni plume, que je doive en emporter ?

— J'ai une idée derrière la tête. Sinon pourquoi te donnerais-je tant d'argent ?

— Je m'en doute bien, tu as raison, mon frère.

— Si par hasard quelqu'un demande pourquoi tu apportes aujourd'hui un encrier et une plume, tu n'auras qu'à dire que l'encre et les plumes du gouvernement ne valent rien, et tout sera réglé.

— Pourquoi seulement l'encre et les plumes du gouverne-

1. Cf. p. 34 n. 1.

ment ? Je peux aussi bien critiquer le gouvernement lui-même.

— Ce n'est pas la peine d'aller si loin; maintenant, attaquons le travail le plus important.

Alors Horolal mit entre les mains de Brohmanondo deux feuilles de papier timbré.

Brohmanondo s'écria :

— Mais c'est du papier du gouvernement !

— Non, pas du gouvernement, mais c'est le papier sur lequel les notaires rédigent leurs actes. Le maître aussi fait écrire les testaments sur ce papier, je le sais et c'est pourquoi je m'en suis procuré. Écris ce que je te dis avec cette encre et cette plume.

Brohmanondo commença à écrire. Horolal lui fit faire un testament, dont le contenu était le suivant :

« Krishnokanto fait son testament; toute la fortune qui est à son nom sera répartie, après sa mort, de la manière suivante :

« Binodlal trois annas, Gobindolal un paï, sa femme un paï, Shoïloboti un paï, le fils de Horolal un paï, et Horolal, étant le fils aîné, aura le reste, soit douze annas [1]. »

La rédaction terminée, Brohmanondo demanda :

— Maintenant que le testament est écrit, qui va le signer ?

— Moi, dit Horolal; et, sur le testament, il fit la signature de Krishnokanto et de quatre témoins.

— Soit, mais c'est un faux, dit Brohmanondo.

— C'est ce testament qui est le vrai, et c'est celui que tu écriras cet après-midi qui sera faux.

— Comment ?

— Quand tu iras écrire le testament, tu emporteras ce testament caché dans la poche de ta veste et, une fois arrivé, tu écriras le testament avec cette encre et cette plume, conformément à ce qu'on te dira. Papier, plume, encre, scribe seront les mêmes. Les deux testaments auront donc une apparence identique. Puis, quand tu auras lu à haute voix et fait signer le testament, tu le reprendras enfin pour signer toi-même. Tu tourneras le dos à tout le monde pour signer et tu en profiteras pour changer

1. Cf. p. 32, n. 1, et p. 34, n. 2. Les parts sont ici respectivement de 3/16, 1/64 et 3/4.

le testament. Tu donneras celui-ci à mon père et tu emporteras le sien pour me le donner.

Brohmanondo devint songeur :

— Dis donc, tu as bien calculé ton astuce.

— Qu'est-ce que tu en penses ?

— Je suis tenté évidemment, mais j'ai peur, reprends ton argent, je ne veux pas me mettre à faire des faux.

— Rends-moi l'argent, dit Horolal en tendant la main.

Brohmanondo Ghosh rendit le billet. Comme Horolal s'apprêtait à partir, Brohmanondo le rappela :

— Mais tu t'en vas, mon ami ?

— Non, répondit Horolal en revenant.

— Si tu me donnes maintenant cinq cents roupies, qu'est-ce que tu me donneras ensuite ?

— Quand tu auras rapporté le testament, je te donnerai cinq cents roupies de plus.

— Cela fait beaucoup d'argent, on ne peut résister à la tentation.

— Alors, tu es d'accord ?

— Bien sûr que je suis d'accord. Mais comment faire pour changer le testament, on me verra !

— Pourquoi te verrait-on ? Je vais changer le testament devant toi, regarde pour voir si tu t'en aperçois.

Qu'il connût ou non d'autres arts, Horolal avait assez bien assimilé celui de faire des tours d'adresse. Il mit le testament dans sa poche et, prenant une autre feuille de papier, il se prépara à y écrire. Comment, là-dessus, le papier passa de la main à la poche, et le testament de la poche à la main, Brohmanondo fut incapable de s'en rendre compte. Il félicita Horolal pour ce tour d'adresse.

— Je vais te l'apprendre, lui dit Horolal, et aussitôt il entreprit de lui enseigner ce tour où il était devenu expert.

Au bout de quelques minutes, Brohmanondo avait appris à l'exécuter de façon satisfaisante.

— Maintenant, je m'en vais; après la tombée de la nuit, je reviendrai avec le reste de l'argent, dit Horolal, et il s'en fut.

Horolal parti, Brohmanondo fut pris de panique : il se rendit compte que l'affaire à laquelle il avait consenti était un crime qui méritait d'être puni en justice. Qui sait? Peut-être passerait-il tout le reste de sa vie en prison, s'il se faisait prendre au moment où il changerait le testament! Alors, pourquoi accepter? Mais s'il ne le faisait pas, il devrait renoncer aux mille roupies qu'il tenait, et cela non plus ce n'était pas possible, du moins pas de son vivant.

Ah! Friandises délicates [1]! A combien de pauvres brahmanes vous avez fait endurer de cruelles souffrances! D'une part une fièvre infectieuse, un estomac comprimé par une rate hypertrophiée, et d'autre part des mets délicats devant vous, des loutchis [2], des shondeshs [3], des mihidanas [4], des shitabhogues [5], harmonieusement arrangés sur une assiette de cuivre ou sur une feuille de bananier : que fera le pauvre brahmane en contemplant leur beauté et leur blancheur éclatante? Renoncera-t-il ou les mangera-t-il? Je donne ma parole que même si le révérend brahmane se débat pendant mille ans assis devant ce plat ainsi décoré, il n'arrivera pas à résoudre ce difficile problème et, ne pouvant prendre une décision, distraitement, il mangera les mets offerts.

C'est exactement la même chose qui arriva à Monsieur Brohmanondo. Cet argent d'Horolal était difficile à digérer, il avait peur de la prison, mais il n'était pas possible non plus d'y renoncer. La tentation était grande, mais la peur de l'indigestion ne l'était pas moins. Faute de pouvoir prendre une décision, comme le pauvre brahmane devant un festin, il était obsédé par le désir d'accepter.

1. Le terme général employé ici *(phalâhâr)* désigne un repas qui consiste en riz déshydraté, lait caillé *(dai)*, lait, sucreries, fruits ou d'autres mets végétariens mais sans riz cuit à l'eau. On offrait des repas de cette sorte aux brâhmanes à l'occasion de certaines fêtes.

2. Loutchi *(luci)* : sorte de beignet à base de farine, frit dans du beurre fondu et clarifié appelé *ghi*.

3. Shondesh *(sandeç)* : sucrerie à base de lait caillé *(chânâ)*.

4. Mihidana (mihidânâ) : sucrerie à base de lentilles (ḍâl).

5. Shitabhogue (sîtâbhog) : sucrerie à base de riz déshydraté (ciṛâ).

CHAPITRE TROISIÈME

Après avoir écrit le testament, Brohmanondo rentra à la nuit tombée et trouva Horolal assis qui l'attendait :

— Que s'est-il passé ? demanda Horolal.

Brohmanondo se piquait de poésie. Il répondit avec un sourire forcé :

— Voulant prendre la lune et la mettre en ta main,
Mes doigts dans l'acacia se sont blessés en vain.

— Tu n'as pas pu ?

— J'avais l'impression d'un obstacle insurmontable.

— Tu n'as pas pu ?

— Non, mon ami, tiens, reprends ton faux testament, reprends aussi ton argent.

En disant cela, Brohmanondo lui rendit le faux testament, et le billet de cinq cents roupies qu'il sortit de sa boîte. Les yeux d'Horolal devinrent rouges de colère et de dégoût, et ses lèvres tremblèrent :

— Imbécile, bon à rien, lui dit-il, tu n'es même pas capable de faire le travail d'une femme ! Je m'en vais, mais attention : si tu laisses passer le moindre vent de cette affaire, ta vie sera en danger.

— Ne t'inquiète pas pour cela, je ne laisserai rien échapper, répondit Brohmanondo.

Horolal se leva et alla dans la cuisine. Il était ici comme chez lui et pouvait aller et venir n'importe où. Il trouva dans la cuisine la nièce de Brohmanondo, Rohini, qui préparait le repas.

Je réserve un rôle particulier à cette Rohini, dont il faut connaître la beauté et les vertus. Mais de nos jours la description de la beauté n'a pas cours sur le marché. Quant à la description de la vertu, les lois actuelles l'autorisent seulement pour soi-même, non pour les autres. Disons donc simplement qu'elle était à la fleur de sa jeunesse, sa beauté débordait comme une lune d'automne dans son plein épanouissement. Devenue veuve très jeune [1], elle avait plusieurs défauts qui siéent mal au veuvage : elle portait un dhoti bordé de noir, avait aux poignets des bracelets, chiquait peut-être aussi du bétel [2]. Elle cuisinait cependant aussi bien que Draupadî [3] : potages, sauces, ratatouilles, légumes verts frits, légumes cuits secs, carry [4], elle

1. On mariait alors en Inde les filles dès leur enfance et les veuves étaient nombreuses.

2. Certaines interdictions frappaient les veuves : ne pas porter de vêtement autre que blanc, ne pas porter de bijoux, ne pas chiquer de bétel pour ne pas avoir les lèvres rouges...

Le dhoti est en général le vêtement des hommes, une pièce d'étoffe blanche finement bordée de 4 mètres de long dont ils s'enveloppent de la taille aux chevilles; les veuves en portent un blanc sans bordure qui couvre tout leur corps. Les femmes mariées et les jeunes filles s'enroulent dans une pièce de tissu de 5 mètres de long et toujours bordée appelée sari (çâṛî).

3. Draupadî, épouse des cinq Pâṇḍava dans le Mahâbhârata, était renommée pour ses talents culinaires.

4. Nous avons essayé de donner ici des traductions approximatives de noms de plats inconnus des Européens.

Pour plus de précision, signalons les termes bengalis qui désignent chacun d'eux en donnant quelques caractéristiques de ces mets :

jhol : sorte de potage ou bouillon épicé fait avec du poisson, de la viande ou des légumes.

Omlo (amla) : sauce acide servie avant le dessert.

Tchortchori (carcaṛi) : plat qui consiste en légumes cuits avec de l'huile et des épices et souvent avec des arêtes de poisson jusqu'à ce qu'ils absorbent l'eau de cuisson.

Shorshori (sarsaṛi) : légumes verts frits.

Ghonto (ghaṇṭa) : plat de légumes hachés et assaisonnés, cuits presque jusqu'à absorption de l'eau.

Dalna (ḍâlnâ) : sorte de carry avec une sauce épaisse ou sorte de ragoût au carry.

N. B. — Chacun de ces plats est cuit avec un assortiment qui lui est particulier d'épices variées.

réussissait tout cela à merveille. Incomparable aussi pour faire les dessins rituels [1], les ornements de cachou, les jouets de fleurs, la broderie, elle était enfin l'unique ressource du quartier pour la coiffure des femmes et la toilette des mariées. Elle habitait chez Brohmanondo car elle n'avait plus aucun autre soutien.

La belle Rohini remuait les lentilles avec un bâton qui frappait les parois de la marmite en produisant un bruit sourd. A distance, un chat était assis, les pattes de devant allongées. Pour voir si les bêtes tressaillent lorsqu'on leur lance du coin de l'œil un regard plein de flamme, Rohini jetait sur lui de temps en temps un de ces regards d'une douceur empoisonnée. Le chat, qui prenait ce regard engageant pour une invitation à venir manger du poisson frit, s'avançait lentement, quand Horolal entra dans la pièce en faisant grincer ses chaussures. Le chat effrayé, renonçant à la tentation du poisson frit, détala à vive allure. Rohini posa le bâton avec lequel elle remuait les lentilles, se lava les mains, releva son voile sur sa tête et se mit debout [2], grattant ses ongles par timidité :

— Oncle [3], quel jour êtes-vous arrivé ?

— Je suis arrivé hier, répondit Horolal, j'ai un mot à te dire.

— Voulez-vous manger ici aujourd'hui ? Je mets du riz fin à cuire ?

— Si tu veux, mais ce n'est pas de cela qu'il s'agit; tu te rappelles ce qui t'est arrivé un jour ?

Rohini en silence fixait le sol.

— Ce jour où tu revenais de te baigner dans le Gange et où tu restais en arrière, séparée du groupe de tes compagnons, tu te rappelles ?

Serrant les doigts de sa main gauche dans sa main droite et la tête baissée, Rohini répondit :

— Je me rappelle.

1. Le texte dit « alépona » (âlepanâ) : dessins faits soit avec du riz moulu humecté, soit avec diverses matières et couleurs, sur le sol et les murs d'une maison ou d'un temple ou sur une planche utilisée comme siège. Ces dessins se font pour diverses fêtes religieuses.

2. En signe de respect et de modestie.

3. Cf. p. 34, n. 1. Le mot employé ici, différent de celui de l'exemple précédent, désigne le plus âgé des frères cadets du père.

— Le jour où tu avais perdu ton chemin et où tu t'es retrouvée dans les champs, tu te rappelles ?

— Oui.

— Où tu as été surprise par la nuit, toute seule ? Où des voyous t'ont suivie, tu te souviens ?

— Oui.

— Qui alors est venu à ton secours ?

— Vous, vous alliez quelque part à cheval, à travers le champ où j'étais.

— J'allais chez ma belle-sœur.

— Vous m'avez vue et vous m'avez sauvée, vous m'avez fait monter dans un palanquin pour me ramener à la maison. Bien sûr que je me souviens, je ne pourrai jamais m'acquitter de cette dette.

— Tu peux la payer tout de suite; bien plus, tu peux faire de moi ton obligé pour toujours, veux-tu ?

— Je donnerais ma vie pour vous.

— Que tu le fasses ou non, n'en parle devant personne.

— Pas tant que je vivrai.

— Jure-le.

Rohini jura. Alors Horolal lui expliqua l'affaire du vrai et du faux testament, puis il finit par lui dire :

— Tu dois voler le vrai testament et mettre le faux à la place; tu peux aller et venir librement chez nous, tu es intelligente, tu peux le faire facilement; pour moi tu le feras ?

Rohini tressaillit :

— Un vol ! Même si on me taillait en pièces, je ne le pourrais pas.

— Voilà ce que valent les femmes ! Des mots, toujours des mots ! Je vois maintenant que tu ne pourras jamais payer ta dette, de toute ta vie.

— J'accepterais tout sauf cela; dites-moi de mourir et je le ferai, mais je ne peux pas jouer le rôle d'un traître.

Horolal, voyant qu'il ne pouvait persuader Rohini par aucun autre moyen, voulut lui mettre les mille roupies dans la main :

— Prends ces mille roupies d'avance comme récompense; il faut que tu fasses ce travail.

Rohini refusa :

— Si c'était possible, je le ferais, rien que pour vous rendre service, mais je n'ai pas envie d'argent. Même si vous me donniez toute la fortune de votre père, je ne pourrais pas.

Horolal poussa un soupir :

— Je pensais, Rohini, que tu étais ma bienfaitrice, que tu me voulais du bien. Il est vrai, comment une étrangère pourrait-elle être des miens ? Tu vois, si ma femme vivait aujourd'hui, je n'aurais pas besoin de te supplier, elle l'aurait fait pour moi.

Cette fois, Rohini sourit.

— Pourquoi ris-tu donc ?

— Cette allusion à votre femme m'a fait songer à cette histoire de mariage avec une veuve. Avez-vous vraiment l'intention d'épouser une veuve ?

— J'en ai envie, mais où trouver une veuve à mon goût ?

— Veuve ou femme mariée, je veux dire veuve ou vierge, il serait bien que vous vous mariiez pour mener une vie de famille, non ? Nous, parents et amis, en serions heureux.

— Tu sais, Rohini, le mariage des veuves est conforme aux Écritures.

— C'est ce qu'on dit maintenant.

— Tu sais, Rohini, tu peux toi aussi te marier; pourquoi ne le ferais-tu pas ?

Rohini tira un peu plus son voile sur son visage et détourna la tête.

— Tu sais, entre nous et vous, il n'y a que des relations de voisinage; il n'y a pas de parenté qui pourrait constituer un obstacle.

Alors Rohini, tirant son voile le plus bas possible s'assit auprès du poêle et commença à remuer les lentilles avec son bâton. Déçu et triste, Horolal s'en allait, quand Rohini l'interpella au moment où il atteignait la porte :

— Laissez tout de même le papier avant de partir, je vais voir ce que je peux faire.

Horolal ravi mit le faux testament et les billets auprès de Rohini :

— Pas de billets, dit Rohini en les voyant, laissez seulement le testament.

Alors Horolal, laissant le testament, reprit les billets et s'en alla.

CHAPITRE QUATRIÈME

Ce soir-là, vers huit heures, Krishnokanto Ray, assis sur le lit de sa chambre à coucher, adossé contre un oreiller, tirait sur le tuyau de son narguilé et somnolait doucement sous l'ivresse de ce remède unique au monde, la meilleure des drogues, l'opium. Tout en somnolant, il rêvait que le testament était tout à coup devenu un acte de vente. Il lui sembla qu'Horolal avait acheté toute la propriété au prix de trois roupies treize annas, deux koras, deux krantis [1]. Quelqu'un lui dit alors que ce n'était pas une donation entre vifs, mais un acte de prêt. A l'instant, il crut voir que Vishnou, fils de Brahma, venu emprunter une boîte d'opium à Mohadeb [2] assis sur son taureau [3], avait écrit cet acte hypothéquant tout l'univers. Mohadeb, sous l'empire du chanvre indien [4], avait oublié l'échéance. Juste à ce moment-là, Rohini entra dans la pièce :

1. Le kora (kaṛâ) et le kranti (krânti) sont d'anciennes subdivisions de l'anna p. 32, n. 1) n'ayant plus cours depuis longtemps et qui valaient la première 1/80 d'anna et la deuxième 1/3 de kora.

2. Mohadeb (mahâdeva), littéralement « le grand dieu », est un autre nom de Çiva. Çiva est la troisième personne de la trinité hindoue, représentant l'aspect destructeur, les autres divinités étant Brahmâ, le créateur, et Viṣṇu, le protecteur.

3. Le taureau est la monture de Çiva.

4. Chanvre indien (aussi appelé haschisch ou marijuana), produit narcotique extrait du *Cannabis sativa*, qu'on fume dans une pipe de terre et auquel s'adonne Çiva.

— Grand-père [1], es-tu endormi ?

Krishnokanto, toujours à moitié endormi, répondit :

— Qui est-ce ? Nondi [2], va dire au dieu de fixer tout de suite la date de l'échéance.

Rohini comprit que Krishnokanto était sous l'influence de l'opium. Elle sourit et lui demanda :

— Grand-père, qui est Nondi ?

Krishnokanto sans soulever la tête poursuivit :

— Hum, tu as raison, il a mangé du beurre chez les laitiers à Brindabone et il ne l'a pas encore payé [3].

Rohini éclata de rire, Krishnokanto sursauta, souleva la tête et dit :

— Qui est-ce ? Açvinî, Bharaṇî, Kṛttikâ, Rohiṇî ?

Rohini répondit :

— Mrigaçirâ, Ârdrâ, Punarbasu, Puṣyâ.

— Açleṣâ, Maghâ, Pûrbaphâlgunî [4].

— Grand-père, suis-je venue auprès de toi pour apprendre l'astronomie ?

— Bien sûr que non, de quoi as-tu envie ? Veux-tu de l'opium?

1. Cf. p. 34, n. 1.

2. Nondi (nandî) : dans la mythologie hindoue, nom d'un des principaux serviteurs et portiers de Çiva. Selon d'autres sources, Nandî est le nom du taureau de Çiva (p. 45, n. 3), et le serviteur s'appelle Nandin.

3. Allusion au tour que jouait le dieu Krishno (Kṛṣṇa) avec ses compagnons à Vṛndâvana, où il passa une partie de sa carrière parmi les bergers et les bergères. Ce tour consitait à voler du beurre chez les laitiers et à en manger avec ses compagnons. Vṛndâvana se trouve sur la rive gauche de la rivière Jumna (Yamunâ), affluent principal du Gange, à dix kilomètres de Mathurâ. C'est l'endroit où se passa l'épisode des amours de Râdhâ et de Kṛṣṇa, et c'est pourquoi il est devenu un lieu de pèlerinage pour les hindous.

4. Dans l'astronomie védique, Rohiṇî est la quatrième des vingt-sept constellations ou groupes d'étoiles qui sont définis comme ceux que traverse la lune au cours de son trajet dans le ciel en une lunaison. L'esprit de Krishnokanto étant troublé sous l'empire de l'opium, il commence par énumérer les trois premières constellations : Açvinî, Bharaṇî, Kṛttikâ, pour arriver à la quatrième, Rohiṇî. Pour s'amuser Rohini récite les suivantes; Mṛgaçirâ (cinquième), Ârdrâ (sixième), Punarbasu (septième) et Puṣyâ (huitième). Dans la même veine, Krishnokanto reprend la suite jusqu'à la onzième constellation : Açleṣâ, Maghâ et Pûrbaphâlgunî.

— Tu tiens trop à ton opium et je sais que tu ne pourras pas m'en donner; je suis venue parce que mon oncle m'a envoyée.

— Ah bon, ah bon, alors c'est bien pour de l'opium.

— Non, grand-père, non je te jure que je ne veux pas d'opium; mon oncle m'a dit que, sur le testament écrit aujourd'hui, ta signature manquait.

— Comment, je me souviens très bien que j'ai signé.

— Non, mon oncle m'a dit qu'il lui semblait que tu n'avais pas signé. A quoi bon garder un doute ? Ouvre-le plutôt et regarde une bonne fois.

— Soit, alors tiens-moi la lampe.

Sur ces mots, Krishnokanto saisit une clef sous l'oreiller, tandis que Rohini prenait à la main la lampe qui se trouvait là. Il commença par ouvrir une petite boîte, en tira une clef bizarre, puis il ouvrit le tiroir d'une commode et, après avoir cherché, il en sortit le testament. Ensuite il prit dans la boîte une paire de lunettes qu'il essaya de poser sur son nez, et sa tête tomba deux ou trois fois sous l'effet de l'opium. Un certain temps s'écoula. Quand les lunettes furent bien installées, Krishnokanto jeta les yeux sur le testament et dit en riant :

— Rohini, est-ce qu'en vieillissant j'ai perdu la tête ? Regarde, voilà ma signature.

— A Dieu ne plaise, pourquoi serais-tu vieux ? C'est seulement par exagération que tu nous appelles petites-filles ! Bon, maintenant je pars et je vais le dire à mon oncle.

Rohini sortit de la chambre de Krishnokanto.

Krishnokanto dormait, au plus profond de la nuit. Tout à coup, il se réveilla et il se rendit compte aussitôt que la lampe de sa chambre était éteinte. D'ordinaire, elle brûlait toute la nuit, mais cette nuit il la trouva éteinte et, au moment où il se réveillait, un bruit lui parvint à l'oreille qui lui fit croire que quelqu'un tournait une clef dans une serrure. Il eut aussi l'impression que quelqu'un se promenait dans sa chambre, venait au chevet de son lit et glissait la main sous son oreiller.

Krishnokanto était entièrement enivré par l'opium. Ni vraiment endormi, ni vraiment réveillé, il ne pouvait pas comprendre grand-chose, et il ne comprenait même pas clairement qu'il n'y avait pas de lumière dans sa chambre. Car il gardait toujours les yeux fermés, qu'il fût à demi endormi ou à demi conscient. A un moment donné, comme il les ouvrait par hasard, il perçut une certaine obscurité. Il lui sembla alors qu'ayant présenté un faux testament au procès de Hori Ghosh, il se retrouvait en prison, dans une prison très noire. Peu après, le bruit d'une clef qui tournait lui parvint soudain à l'oreille. Était-ce la clef de la prison qui se fermait ? Il eut un léger sursaut, chercha en vain, de la main le tuyau de son narguilé, et comme d'habitude appela Hori.

Krishnokanto ne couchait pas dans la partie intérieure de la maison, ni dans la partie extérieure, mais dans une chambre entre les deux; seul un serviteur du nom de Hori couchait là aussi pour le garder. C'est lui que Krishnokanto appela : « Hori. »

Après l'avoir appelé une seule fois, Krishnokanto retomba sous l'ivresse de l'opium et recommença à somnoler. Pendant ce temps, le vrai testament disparut de la chambre et le faux fut déposé à sa place.

CHAPITRE CINQUIÈME

Le lendemain matin, Rohini était de nouveau assise en train de faire la cuisine et de nouveau Horolal était là qui regardait à la dérobée. Heureusement, Brohmanondo avait quitté la maison, car il n'aurait pas manqué de s'interroger sur sa présence.

Horolal s'approcha lentement de Rohini. Celle-ci ne levait pas souvent la tête.

— Regarde-moi, ta marmite n'éclatera pas, lui dit Horolal.

Rohini le regarda avec un sourire.

— Qu'est-ce que tu as fait ? demanda Horolal.

Rohini alla chercher le testament pour le lui faire voir. Il le lut, vit que c'était bien là le vrai testament, et le visage de ce méchant homme déborda de joie. Le testament à la main, il lui demanda :

— Comment l'as-tu emporté ?

Rohini commença l'histoire; sans dire un mot de vrai, elle se mit à lui raconter un faux roman. Puis tout en racontant elle prit le testament de la main d'Horolal pour lui montrer comment le papier se trouvait dans un plumier et lorsque le récit du vol fut terminé, elle se leva brusquement pour s'en aller le testament à la main; quand elle revint, Horolal, ne voyant plus le testament, lui demanda :

— Où viens-tu de mettre le testament ?

— Je l'ai mis en sûreté.

— A quoi bon le mettre en sûreté ? Je dois partir tout de suite.

— Vous devez partir maintenant ? Pourquoi si vite ?

— Il ne m'est pas possible de rester.

— Bon, allez.

— Le testament ?

— Laissez-le-moi.

— Comment, tu ne me le donnes pas ?

— Cela revient au même, que ce soit vous ou moi qui le gardions.

— Si tu ne veux pas me le donner, pourquoi l'as-tu volé ?

— Mais c'est pour vous, que je le garde, lorsque vous vous marierez avec une veuve, je donnerai à votre femme le testament, vous le lui prendrez et vous le déchirerez.

Horolal comprit :

— Pas de cela, Rohini, je te donnerai autant d'argent que tu voudras.

— Je ne voudrais même pas de cent mille roupies, je veux ce que vous m'aviez promis de me donner.

— C'est impossible, si je fais un faux, si je commets un vol, c'est dans mon intérêt; mais toi, si tu as volé, c'est dans l'intérêt de qui ?

Le visage de Rohini s'assombrit, elle resta la tête baissée. Horolal poursuivit :

— Quoi que je sois, je suis le fils de Krishnokanto Ray, une femme qui a volé ne pourra jamais être ma femme.

Rohini se redressa brusquement et rejetant son voile en arrière regarda Horolal en face :

— Je suis une voleuse, et toi tu es un saint ! Qui est-ce qui m'avait dit de voler ? Qui est-ce qui m'a tentée de façon si séduisante ? Qui est-ce qui a abusé de la naïveté d'une femme ? La pire des tromperies, le pire des mensonges, les mots que l'homme le plus ignoble, le plus grossier n'oserait prononcer, toi le fils de Krishnokanto Ray, tu les as prononcés. Hélas ! Je suis indigne de toi ? Pour accepter un aussi vil trompeur que toi, il n'y a pas de femme assez malheureuse. Si tu étais une femme, c'est à coups de balai que je t'aurais chassé aujourd'hui. Mais toi, tu es un homme! Va-t'en, si tu veux garder un peu de dignité.

Horolal comprit : il avait eu ce qu'il méritait. Il partit pour garder le peu de dignité qu'il lui restait et, en partant, il fit un petit sourire du bout des lèvres.

Rohini aussi de son côté comprit qu'elle avait eu ce qu'elle méritait. Elle s'assit pour faire la cuisine après avoir resserré un peu son chignon qui, dans sa colère, s'était déroulé. Elle avait les larmes aux yeux.

CHAPITRE SIXIÈME

Ô kokil [1] du printemps! Chante à cœur joie, je ne m'y oppose point; mais je te supplie de ne chanter qu'à l'heure propice. Il ne convient pas de chanter tout le temps, quelle que soit l'heure. Tu vois, après une longue recherche, j'ai trouvé une plume et un encrier, après une plus longue recherche encore, j'ai trouvé un sujet et, comme j'avais imaginé l'histoire du testament, j'allais me mettre à écrire, quand, du ciel, tu lanças ton kouhou.

Tu as une belle voix, je l'avoue, mais ce n'est pas une raison pour avoir le droit de chanter dans le dos de n'importe qui. De toute façon, avec mes cheveux blancs et ma plume qui court, je ne redoute pas tes chants; mais, tu sais, si tu lances ton kouhou quand un commis nouveau, troublé par des problèmes d'argent, se met l'esprit à la torture pour faire ses comptes, il n'arrivera pas à les établir; et si tu commences à chanter lorsqu'une belle femme, triste à cause de l'absence de son bien-aimé, vient de s'asseoir après une longue journée pour prendre deux bouchées de riz et a eu juste le temps de rapprocher le bol de khir [2] de ses genoux, assurément le bol de la belle restera intact ou, dans

1. Le kokil ou koël *(Eudynamis honorata)* est apparenté à notre coucou; mais son chant, très mélodieux, est différent, la deuxième note étant plus élevée d'une quinte que la première; ce chant a d'ailleurs été retenu par la tradition pour définir la cinquième note de la gamme (pañcama), une quinte au-dessus de la première.

2. Khîr : sorte de fromage blanc sucré.

sa distraction, elle y mettra du sel avant d'en manger. Car il y a de la magie dans tes appels; sinon, lorsque tu chantais perché sur un bokoul [1], et que la veuve Rohini, la cruche sur la hanche, allait chercher de l'eau, alors, ... mais que je vous raconte d'abord ce qui s'est passé quand elle alla chercher de l'eau. Voici l'histoire : Brohmanondo Ghosh était un pauvre homme et, partant, se passait de domestique. Je ne saurais dire si c'est un avantage ou un désavantage, mais celui qui n'a pas de servante n'a chez lui ni tromperies, ni fausses nouvelles, ni querelles, ni saleté.

C'est en effet la déesse nommée « servante » qui crée ces quatre choses, et celui qui a plusieurs servantes chez lui voit sa maison devenir chaque jour un kurukṣetra [2], une « tuerie de Râvaṇa [3] ». L'une d'elles, aussi terrifiante que Bhîma [4], tenant toujours à la main un balai en guise de massue, marche triomphalement dans la maison transformée en champ de bataille. Une autre, sa rivale Duryodhana [5], fait des remontrances aux héros Bhîṣma, Droṇa, Karṇa [6]. Une autre, comme Kumbhakarṇa [7], dort pendant six mois et à son réveil mange tout ce

1. Bokoul (bakula) : arbre à fleurs odoriférantes de la famille des Sapotacées, dont le nom scientifique est *Mimusops Elengi Linn.*

2. Kurukṣetra : champ de bataille au nord de l'actuelle Delhi où, selon le Mahâbhârata, s'affrontèrent les Kaurava et les Pâṇḍava en un combat sans merci; maintenant ce mot est employé par extension pour désigner une querelle bruyante et violente.

3. Râvaṇa : roi des démons (râkṣasa) et ennemi mortel du roi Râma, incarnation de Viṣṇu, dans l'épopée du Râmâyana; Râma parvint à le tuer après un combat acharné; l'expression « tuerie de Râvaṇa » est maintenant employée pour désigner une lutte féroce.

4. Bhîma : héros du Mahâbhârata, un des frères Pâṇḍava, qui se battait avec une massue et était renommé pour sa taille gigantesque et terrifiante.

5. Duryodhana : héros du Mahâbhârata, frère aîné des Kaurava et ennemi acharné des Pândava.

6. Bhîṣma, Droṇa, Karṇa : héros du Mahâbhârata; le premier était à la fois l'oncle de Pâṇḍu, père des Pâṇḍava, et de Dhṛtarâṣṭra, père des Kaurava; le second, maître d'armes de Pâṇḍu et de Dhṛtarâṣṭra, prit parti pour les Kaurava pendant la bataille de Kurukṣetra; le troisième, demi-frère des Pâṇḍava, fils naturel de Kunti, mère des Pâṇḍava, se rangea du côté des Kaurava pendant la guerre de Kurukṣetra.

7. Kumbhakarṇa : second frère de Râvaṇa dans le Râmâyana. Il avait l'habitude de dormir six mois pour ne rester éveillé qu'une journée pendant laquelle il avait une faim de Gargantua.

qu'elle trouve. Une autre, comme Sugrîva [1], la tête inclinée sur le côté, se prépare pour le massacre de Kumbhakarṇa. Et ainsi de suite.

Brohmanondo n'avait pas à redouter tous ces risques et ennuis, et Rohini était chargée de faire la vaisselle et d'aller chercher de l'eau. Elle y allait dans l'après-midi après avoir terminé les autres travaux. Le lendemain du jour où s'était passé l'événement que je vous ai raconté, elle s'y rendait donc, la cruche sur la hanche, à l'heure habituelle. Les jomidârs [2] possédaient un grand étang appelé Barouni, dont l'eau était très agréable à boire; c'est là que Rohini prenait de l'eau et c'est vers ce lieu qu'elle se dirigeait. Elle allait toute seule, car ce n'était pas dans ses habitudes d'aller en groupe avec des filles légères, au sourire léger tout au long du chemin et une cruche légère à la hanche. Sa cruche, à elle, ainsi que sa démarche, paraissait imposante et l'on reconnaissait bien là la veuve Rohini, quoiqu'elle ne ressemblât en rien d'autre à une veuve : du bétel sur les lèvres, elle portait des bracelets aux poignets, un dhoti bordé de noir [3] et sur la nuque une tresse charmeuse qui se balançait, élégamment enroulée comme un serpent noir. Sa cruche de cuivre était posée sur sa hanche et dansait doucement au balancement de sa démarche. Comme le cygne danse sur la vague, la cruche dansait lentement au rythme des oscillations de son corps et ses deux pieds se posaient mollement sur le sol comme des fleurs tombant d'un arbre. Dans un léger balancement, comme un navire toutes voiles dehors, pleine d'un charme éblouissant, la belle Rohini illuminait le chemin de l'étang en allant chercher de l'eau, quand le kokil du printemps, perché sur une branche de bokoul, se mit à chanter.

« Kouhou, kouhou! » Rohini regarda de tous les côtés. Ah! si le kokil perché sur la branche avait pu apercevoir ses yeux levés et son regard vif et mobile! Aussitôt transpercé de cette flèche, culbutant, pattes repliées, il serait tombé avec un bruit

1. Sugrîva : roi des singes, ami de Râma dans le Râmâyana, qui aida Râma à vaincre Râvana.

2. Cf. p. 31, n. 1.

3. Cf. p. 41, n. 2.

sourd. Mais tel n'était pas le destin de l'oiseau : il manquait un maillon à l'éternelle chaîne des causes et des effets; ou alors sa naissance précédente ne lui avait pas valu une si grande chance. Sans rien comprendre, l'oiseau chanta de nouveau : « kouhou, kouhou! »

« Va-t'en, tête noircie », dit Rohini en s'éloignant. Mais, si elle s'éloigna, elle n'oublia pas pour autant le kokil, qui, sans aucun doute, avait chanté à un moment peu propice. Comment en effet le chant du kokil, qui met en l'esprit des pensées tristes, aurait-il pu être favorable à la jeune veuve à l'heure où elle allait chercher de l'eau ? Car il semble, en l'entendant, que l'on ait perdu un objet cher et que, par cette perte, toute la vie soit devenue vide, comme si l'on devait ne jamais le revoir. Il semble, sans que l'on sache pourquoi, qu'il nous manque quelque chose, une chose qui ne s'est pas réalisée et que l'on ne retrouvera plus. Il semble que l'on ait perdu un joyau quelque part, que quelqu'un appelle pour venir pleurer. Il semble que cette vie soit passée en vain, que la limite du bonheur n'ait pas été atteinte, que l'on n'ait rien goûté de l'éternelle beauté de cette terre.

De nouveau, le kokil lança son chant, Rohini leva les yeux vers le ciel absolument pur, clair, illimité, silencieux et elle vit qu'il était accordé avec l'appel de l'oiseau. Elle aperçut les fleurs de manguier fraîchement épanouies, d'une lumineuse couleur d'or et qui, intimement mêlées avec les feuilles vertes, dégageaient un doux parfum et vibraient du seul bourdonnement des abeilles ou des bourdons : eux aussi étaient accordés avec cet appel du kokil. Elle regarda au bord de l'étang, dans le jardin fleuri de Gobindolal : les fleurs étaient épanouies, en grappes, par milliers, foisonnantes, sur chaque branche, sur chaque feuille, partout elles fleurissaient, l'une blanche, l'autre rouge, celle-ci jaune, celle-là bleue, ici une petite, là une grande. Ici volaient des abeilles, là des bourdons : tout était accordé avec cet appel du kokil. Le parfum des fleurs venait avec la brise, accordé avec la cinquième note de la gamme [1]. Et dans ces

1. Cf. p. 52, n. 1.

bosquets fleuris, debout à l'ombre, se tenait Gobindolal en personne. Ses cheveux noirs, denses et frisés tombaient en boucles sur ses épaules brun doré comme les fleurs de champak [1], une liane fleurie oscillait sur son corps aussi beau qu'un arbre en fleur. Quelle harmonie dans tous ces chants! Celui-ci aussi était accordé avec la cinquième note. De nouveau le kokil lança son appel du haut d'un grand ashok [2], au moment où Rohini descendait l'escalier qui menait à l'étang. Après avoir franchi les marches, elle fit flotter sa cruche et se mit à pleurer.

Pourquoi pleurait-elle ? Comment pourrais-je vous dire ce qui se passe dans le cœur d'une femme ? Je soupçonne fort le méchant kokil d'avoir été la cause de ses larmes.

1. Champak (campaka) ou châmpâ (cãpa) : nom d'une fleur de couleur jaune d'or odoriférante, que porte l'arbre du même nom, de la famille des Magnoliacées et dont le nom scientifique est *Michelia champaca Linn.* La comparaison ici suggère la clarté du teint.

2. Ashok (açoka) : nom d'un arbre à fleurs rouges, de la famille des Légumineuses, dont le nom scientifique est *Sarca indica Linn. (Jonesia asoca Roxb.)*

CHAPITRE SEPTIÈME

J'ai beaucoup de difficultés avec l'étang de Barouni, car je n'arrive pas à le décrire. C'était un immense étang, une sorte de miroir bleu dans un cadre d'herbe, l'herbe elle-même encadrée par le jardin des jomidârs qui s'étendait autour de l'étang. On ne voyait les limites, ni des murs, ni des arbres, et l'on était frappé par l'extrême beauté de ce décor, émaillé de fleurs de couleurs variées, rouges, noires, vertes, roses, blanches, jaunes, et de fruits disséminés comme des pierres précieuses. Çà et là, des pavillons blancs brillaient comme d'énormes diamants aux rayons du soleil couchant. Au-dessus de nos têtes, le ciel lui aussi formait un miroir bleu, encadré par ce jardin. Et ce ciel bleu, ce cadre du jardin, ce cadre de l'herbe, les fruits, les fleurs et les maisons, tout se reflétait dans ce miroir de l'eau bleue. Enfin, de temps en temps, le kokil chantait. Tout cela, certes, on peut le décrire d'une certaine façon; mais comment expliquer le rapport qui existait entre Rohini et le ciel et cet étang et cet appel du kokil ? Voilà l'origine de mes difficultés avec l'étang de Barouni.

Gobindolal n'avait pas moins de difficultés que moi, car lui aussi, à travers un écran de lianes fleuries, regardait Rohini pleurer, seule, assise sur l'escalier qui mène à l'étang. Il conclut en lui-même qu'elle pleurait parce qu'elle s'était querellée avec une fille du quartier. Mais quelle importance attacher à la conclusion de Gobindolal ?

Rohini continua de pleurer et je ne peux pas dire ce qui se passait dans son esprit. Peut-être se demandait-elle : pour quelle faute le sort m'a-t-il faite veuve si jeune ? Quel plus grand crime que les autres ai-je commis pour être ainsi privée du bonheur de cette terre ? Pour quelle faute, encore belle et jeune, suis-je condamnée à passer cette vie comme un morceau de bois sec ? Ceux qui peuvent jouir de tous les biens de la vie, comme la femme de Gobindolal, en quoi sont-ils plus vertueux que moi ? Hélas ! ce n'est pas la vue du bonheur des autres qui m'afflige, mais pourquoi tous les chemins sont-ils fermés pour moi ? Que puis-je faire de cette vie de malheur ?

Nous avons déjà dit que Rohini n'était pas particulièrement bonne, et vous la voyez ici jalouse sans raison. Avec tant de défauts, comment pourrait-elle nous émouvoir par ses larmes ? Elle ne nous émeut pas. Mais pourquoi cet éternel besoin de juger ! Il est bien de pleurer à la seule vue des larmes des autres : les nuages des dieux n'arrêtent pas de pleuvoir à la vue d'un champ épineux.

Ayez donc un élan de compassion pour Rohini. Voyez-la, maintenant encore, assise sur les marches, le front dans les mains, en train de pleurer. La cruche vide danse sur l'eau au gré du vent.

Enfin le soleil se coucha; peu après, des ombres noires tombèrent sur l'eau bleue de l'étang. Puis il commença à faire nuit, les oiseaux s'envolèrent pour se poser sur les arbres, les vaches se dirigèrent vers la maison. Alors la lune se leva, répandant une douce lumière sur l'obscurité. Mais Rohini pleurait toujours sur les marches de l'étang, et sa cruche flottait toujours sur l'eau. Gobindolal se décida à quitter le jardin pour se diriger vers la maison, quand, au moment de s'en aller, il vit que Rohini était encore assise sur les marches. La vue de cette femme fragile, seule, qui pleurait aussi longtemps, l'attrista. Alors, il pensa que cette femme, honnête ou malhonnête, était, elle aussi, comme lui-même, un insecte envoyé sur la terre par le père de l'univers. Elle est ma sœur, se dit-il. Si je peux soulager sa peine, pourquoi ne le ferais-je pas ?

Gobindolal descendit lentement les marches, vint auprès de

Rohini et se tint debout à côté d'elle comme une statue couleur de champak sous un clair de lune également couleur de champak. Rohini sursauta.

— Rohini, pourquoi rester là, assise toute seule, à pleurer pendant si longtemps ? lui demanda Gobindolal.

Rohini se leva, mais ne répondit rien. Gobindolal ajouta :

— Pourquoi es-tu si triste ? Ne veux-tu pas me le dire ? Si je puis t'aider en quelque chose...

Rohini, qui avait parlé avec Horolal comme une femme bavarde, ne put dire un mot devant Gobindolal; mais, poupée silencieuse, elle rehaussait la beauté des marches de l'étang. Dans l'eau transparente, Gobindolal aperçut le reflet de Rohini semblable à une sculpture, le reflet de la pleine lune et celui des arbres d'or fleuris. Alors il lut clairement dans le livre de la nature que tout n'est que beauté dans la création bienveillante et que seule l'humanité connaît la cruauté, qui est l'unique laideur. De nouveau, il s'adressa à Rohini :

— Si tu as des ennuis quelconques, aujourd'hui ou demain, dis-le-moi et si tu ne peux pas me le dire toi-même, fais-le-moi savoir par des femmes de chez nous.

Rohini se mit alors à parler :

— Un jour, je vous le dirai, pas aujourd'hui. Un jour, vous devrez écouter ce que j'aurai à vous dire.

Gobindolal consentit et partit en direction de la maison. Rohini sauta dans l'eau, attrapa la cruche et la remplit. Celle-ci manifesta son opposition par des bok, bok, gol, gol. Chaque fois que l'on veut remplir une cruche vide, qu'il s'agisse d'une cruche de terre ou d'une cruche humaine, elle proteste de la sorte, à grand bruit. Lorsque la cruche vide fut remplie d'eau, Rohini remonta les marches, rajusta son dhoti [1] mouillé et commença à marcher lentement pour gagner la maison. Alors, en un échange de bruits : tcholote, tchholote, ṭhonak; jhinik, ṭhiniki, ṭhin, une conversation s'engagea entre la cruche, l'eau et les bracelets de Rohini, et l'esprit de Rohini vint se joindre à cette conversation :

— Le vol du testament ! dit l'esprit de Rohini.

1. Cf. 41, n. 2.

— Tchholate, répondit l'eau.

— Ce n'était pas bien, reprit son esprit.

— Ṭhin-ṭhina, non, bien sûr, répondit le bracelet.

— Que faire ?

— Ṭhonok ḍhonok ḍhon. Utilise-moi, avec une corde, répondit la cruche.

CHAPITRE HUITIÈME

Rohini fit la cuisine de bonne heure, servit Brohmanondo et, sans rien prendre elle-même, alla dans sa chambre, ferma la porte et se coucha. Non qu'elle voulût dormir : elle se couchait pour réfléchir.

Laissant de côté pour l'instant les opinions des philosophes et des savants, écoute une vérité toute simple. La fille d'un dieu appelée Soumoti [1] et l'ogresse Koumoti [1] se trouvent constamment toutes deux dans le cœur de l'homme et sont toujours en guerre l'une contre l'autre. Comme deux tigresses se battent pour une vache morte, comme deux chacals se disputent un cadavre, de même elles se querellent pour un homme vivant. Aujourd'hui, dans cette chambre solitaire, c'était en Rohini qu'elles se livraient un violent combat.

— Est-ce possible de ruiner un homme comme lui ? disait Soumoti.

— Je n'ai pas encore donné le testament à Horolal, comment l'aurais-je ruiné ? répondit Koumoti.

— Rends le testament de Krishnokanto à Krishnokanto.

— Mais, lorsque Krishnokanto me demandera : « Où as-tu trouvé ce testament, et comment un faux testament est-il venu dans mon tiroir ? », qu'est-ce que je lui répondrai ? Quelle drôle d'idée ! Tu veux que mon oncle et moi allions en prison !

1. Soumoti (sumati) signifie littéralement « bonne pensée », Koumoti (kumati) « mauvaise pensée ».

— Alors, pourquoi ne pas parler franchement à Gobindolal et te jeter à ses pieds en pleurant ? Il est bon et il te pardonnera certainement.

— Oui, mais il faudra que Gobindolal le dise à Krishnokanto, sinon les testaments ne seront pas changés. Si Krishnokanto nous met en prison, comment Gobindolal nous sauvera-t-il ? Je pense qu'il y a mieux à faire. Pour l'instant, ne dis rien. Puis lorsque Krishnokanto sera mort, j'irai, suivant tes conseils, me jeter aux pieds de Gobindolal. A ce moment-là, je lui donnerai le vrai testament.

— Ce sera inutile. Le testament que l'on trouvera dans la chambre de Krishnokanto sera considéré comme le vrai, et Gobindolal sera accusé d'avoir fait un faux testament, s'il sort le vrai.

— Alors tais-toi, ce qui est fait est fait.

Soumoti se tut, elle était vaincue. Toutes deux firent la paix et, en amies, se fixèrent un autre but. Et c'est ainsi qu'elles mirent en l'esprit de Rohini l'image du dieu couleur de champak, qui resplendissait au bord de l'étang, sous le clair de lune. Rohini la contempla longtemps et, à force de la contempler, elle finit par pleurer. Cette nuit-là, elle ne dormit point.

CHAPITRE NEUVIÈME

Depuis lors, chaque jour, la cruche sur la hanche, Rohini allait chercher de l'eau à l'étang de Barouni. Chaque jour, elle apercevait Gobindolal au milieu du jardin plein de fleurs, chaque jour Soumoti et Koumoti faisaient la guerre et la paix. S'il est possible à l'homme de supporter les querelles de Soumoti et Koumoti, leur entente est pour lui très dangereuse, car Soumoti prend alors l'apparence de Koumoti et Koumoti joue le rôle de Soumoti. Comment savoir alors qui est l'une, qui est l'autre ? On ne peut les distinguer, on prend Koumoti pour Soumoti, et on lui obéit. Quoi qu'il en soit, que la responsable soit Koumoti ou Soumoti, l'image de Gobindolal se trouva peinte en couleurs de plus en plus vives chaque jour sur la toile du cœur de Rohini ; toile obscure, image éclatante ; de jour en jour l'image devenait plus brillante et la toile plus sombre. Alors le monde aux yeux de Rohini... Mais je ne veux pas reprendre une vieille histoire. Rohini, soudain, dans le fond de son cœur, au plus secret d'elle-même, devint amoureuse de Gobindolal. Une fois encore, Koumoti triomphait.

Pourquoi, après si longtemps, un tel malheur fondit sur elle, je ne puis ni le comprendre, ni l'expliquer. Rohini voyait Gobindolal depuis son enfance, jamais son cœur ne s'était senti attiré par lui. Pourquoi donc subitement aujourd'hui ? Je vous ai dit tout ce qui était passé, l'appel de ce maudit kokil, les pleurs au bord de l'étang, l'heure, le lieu, les états d'âme, puis la compassion inopportune de Gobindolal, enfin la conduite injuste de Rohini à l'égard de Gobindolal qui était innocent. C'est tout cela qui depuis quelque temps avait fait une place à Gobindolal dans le cœur de Rohini.

A quoi cela pouvait-il aboutir, je ne sais; je raconte l'histoire telle qu'elle s'est passée. Rohini, très intelligente, comprit aussitôt que c'était pour elle un danger mortel. Si Gobindolal parvenait à avoir la moindre idée de ce qui se passait, il éviterait jusqu'à son ombre et lui ferait peut-être quitter le village. Contrainte de n'en parler à personne, elle multiplia donc les précautions pour enfouir ses sentiments dans le secret de son cœur.

Mais, au plus profond d'elle-même, un feu caché la brûlait et porter le fardeau de la vie devenait si pénible pour elle que, nuit et jour, elle aspirait à la mort.

Qui saurait faire le compte des personnes qui désirent secrètement la mort? Je suppose que beaucoup, parmi les heureux comme parmi les malheureux, aspirent à la mort de tout leur être; car le bonheur de cette terre n'est pas le bonheur : il est lui-même malheur, puisque aucun bonheur ne représente un bonheur parfait. Quant aux malheureux, s'ils appellent la mort, c'est parce que leur fardeau de malheur est trop lourd à supporter.

Mais s'il est vrai qu'on appelle la mort, auprès de qui vient-elle? La mort ne se présente pas sur un appel, c'est l'homme heureux, impatient de vivre, beau, jeune, plein d'espoir, aux yeux de qui la terre est un paradis [1], c'est lui que la mort vient chercher. Mais elle ne vient pas auprès de quelqu'un comme Rohini. Et puis l'homme a si peu de force qu'il ne saurait faire surgir la mort en l'appelant; une petite piqûre d'aiguille, une demi-goutte de médicament suffisent à détruire sa vie périssable, un rien dissout dans l'océan du temps cette bulle qui s'agite, mais presque aucun de ceux qui désirent sincèrement la mort n'enfonce volontiers l'aiguille, ne boit volontiers la demi-

1. Le texte dit « Nandankânan », jardin du paradis d'Indra, roi des dieux.

goutte de médicament. Et si certains peuvent le faire, Rohini à coup sûr n'est pas de ceux-là, et elle n'y parvint pas.

Elle avait pris pourtant sur un point une décision ferme : le faux testament ne serait pas enregistré; pour cela il suffisait de dire à Krishnokanto, ou de lui faire dire par quelqu'un, que son testament avait été volé. Il s'en rendrait bien compte en ouvrant le tiroir, et en lisant le faux. Il n'était même pas nécessaire de faire savoir que c'était Rohini qui avait commis le vol. Peu importait le voleur. Une fois le doute né dans son esprit, Krishnokanto comprendrait après avoir ouvert la commode et lu le testament. Et en voyant le faux testament, il en ferait faire un nouveau. La fortune de Gobindolal serait ainsi sauvée et personne ne pourrait identifier le voleur. Il y avait cependant un risque : si Krishnokanto lisait le faux testament, il reconnaîtrait l'écriture de Brohmanondo, qui serait en grand danger. Il ne fallait révéler à personne qu'un faux testament se trouvait dans le tiroir.

Ainsi, malgré son réel souci de réparer le grave tort que la tentation d'Horolal lui avait fait causer à Gobindolal, elle ne put rien faire, de peur de mettre son oncle en danger. Elle finit par conclure que le mieux était de déposer elle-même le vrai testament en reprenant le faux, de la même manière qu'elle avait volé le vrai pour mettre le faux à sa place.

Pendant la nuit, n'écoutant que son courage, la belle Rohini partit donc seule en direction de la maison de Krishnokanto Ray, le vrai testament à la main. La porte de derrière étant fermée, Rohini se présenta à la porte d'entrée devant laquelle les portiers assis sur leurs lits, les yeux mi-clos, la voix peu claire, massacraient le mode pilou [1]. Ils lui demandèrent aussitôt :

— Qui es-tu ?

— Shokhi, répondit Rohini.

Shokhi était une jeune servante de la maison, les portiers ne dirent plus rien. Rohini pénétra dans la maison sans difficulté et, connaissant déjà le chemin, elle entra et se dirigea vers la chambre de Krishnokanto dont la porte restait ouverte, étant

1. Pilou (pilu) : mode (râgiṇî) de la musique indienne, qui se joue la nuit.

donné la présence des gardiens. Rohini tendit l'oreille et perçut le ronflement paisible de Krishnokanto. Alors, sans bruit, la voleuse entra dans la chambre. Elle commença par éteindre la lampe, puis, comme la fois précédente, elle se procura la clef et tâtonna dans l'obscurité pour ouvrir le tiroir. Bien qu'elle prît d'infinies précautions pour ne bouger sa main que très doucement, le jeu de la clef fit un bruit presque imperceptible qui réveilla Krishnokanto.

Ne pouvant comprendre exactement ce que c'était, il ne broncha pas, mais attendit l'oreille aux aguets.

Rohini de son côté se rendit compte que le ronflement s'était arrêté. Elle comprit que Krishnokanto s'était réveillé. Sans faire le moindre bruit, elle se tint immobile.

— Qui est là ? demanda Krishnokanto.

Personne ne répondit. Rohini avait brusquement changé. Les traits tirés, maintenant, elle paraissait tourmentée, glacée. Peut-être eut-elle un instant de peur. Elle fit en respirant un léger bruit, qui parvint à l'oreille de Krishnokanto.

Tandis que celui-ci appelait Hori à plusieurs reprises, elle aurait pu profiter de l'occasion pour se sauver, si elle l'avait voulu, mais ce n'était pas une solution pour Gobindolal et elle pensa en elle-même : « Le courage que j'ai eu l'autre jour pour commettre un acte malhonnête, pourquoi ne l'aurais-je pas aujourd'hui pour un acte honnête ? Si on me prend, on me prendra. »

Elle ne se sauva donc pas.

Malgré ses appels, Krishnokanto ne reçut aucune réponse d'Hori qui était sorti un moment pour prendre un peu de bon temps. Alors Krishnokanto prit sous son oreiller une boîte d'allumettes, et, à la lumière de l'allumette, il vit dans la chambre, près du tiroir, une femme debout. Puis, avec l'allumette, il alluma la lampe et s'adressant à la femme :

— Qui es-tu ?

Rohini s'approcha de Krishnokanto.

— Je suis Rohini, dit-elle.

— Que faisais-tu ici à cette heure de la nuit dans l'obscurité ?

— Je volais, répondit-elle.

— Arrête ces plaisanteries, dis-moi pourquoi je te trouve ainsi. Que tu sois venue pour voler, j'ai du mal à le croire, et pourtant tu te présentes bien à moi comme une voleuse.

— Ce que je suis venue faire, je vais le faire devant vous. Regardez, vous me traiterez ensuite comme vous jugerez bon de le faire; je suis prise, je ne peux plus m'enfuir, je ne me sauverai pas.

En disant ces mots, Rohini revint près du tiroir, l'ouvrit, en sortit le faux testament et y mit le vrai. Puis elle déchira le faux testament en mille morceaux.

— Hé, hé, que déchires-tu là ? montre, montre, cria Krishnokanto.

Mais, pendant qu'il criait, Rohini réduisit en cendres les morceaux du testament en les livrant à la flamme dévorante.

— Qu'as-tu brûlé ? demanda Krishnokanto, les yeux rouges de colère.

— Un faux testament.

Krishnokanto frissonna :

— Un testament! un testament! où est mon testament ?

— Votre testament est dans le tiroir, regardez.

Le sang-froid et l'assurance de cette jeune fille finirent par frapper Krishnokanto d'étonnement. Il se demanda si ce n'était pas une déesse qui était venue pour le mystifier.

Il ouvrit alors le tiroir et y trouva le testament. Il le sortit, prit ses lunettes et, en le parcourant, il se rendit compte que c'était bien son vrai testament. Confondu, il redemanda :

— Qu'as-tu brûlé ?

— Un faux testament.

— Un faux testament ? Qui a fait un faux testament ? Où l'as-tu trouvé ?

— Je ne sais pas qui l'a fait, je l'ai trouvé dans ce tiroir.

— Comment as-tu pu savoir qu'il y avait un faux testament dans le tiroir ?

— Je ne peux pas le dire.

Krishnokanto réfléchit un moment :

— Si je n'arrive pas à pénétrer ce qui se passe dans la petite tête d'une femme comme toi, je me demande comment j'ai pu sauvegarder toute ma fortune si longtemps; c'est Horolal qui a fait ce faux testament. Il t'a peut-être corrompue par de l'argent pour te faire mettre le faux testament et voler le vrai. Puis, prise et apeurée, tu as déchiré le faux testament, n'est-ce pas la vérité ?

— Non.

— Non, et alors quoi ?

— Je ne dirai rien; je suis entrée dans votre chambre comme une voleuse, faites de moi ce que vous voulez.

— Tu es venue sans aucun doute pour faire quelque chose de mal, sinon, pourquoi serais-tu venue ainsi comme une voleuse ? Bien sûr, tu auras la punition que tu mérites. Je ne te donnerai pas à la police, mais demain ta tête sera rasée, on y versera du petit-lait, et je te chasserai du village [1]. Pour l'instant, on va te garder.

Cette nuit-là, Rohini resta enfermée.

1. C'est la punition à laquelle étaient autrefois condamnés les coupables dans les villages; quand on les chassait du village, on les poussait en agitant un van.

CHAPITRE DIXIÈME

Avant l'aube, Gobindolal se tenait debout, devant la fenêtre ouverte de sa chambre. Le matin n'était pas encore tout à fait arrivé, et dans la cour de la maison, le kokil n'avait pas encore lancé son premier appel du bosquet de kaminis [1]. Mais le doël [2] avait déjà commencé à chanter, la brise fraîche de l'aube s'était levée et Gobindolal avait ouvert sa fenêtre et se tenait là pour prendre l'air frais du matin qui lui portait les parfums des mollikas, des gondhorajs, des koutojs [3] du jardin. Alors une jeune personne à la taille menue vint le rejoindre.

Gobindolal lui demanda :

— Pourquoi viens-tu ici ?

Elle lui répliqua :

— Pourquoi es-tu là ?

Inutile de dire que cette jeune personne était la femme de Gobindolal.

1. Kamini (kâminî) : arbrisseau de la famille des Rutacées portant de petites fleurs blanches et odoriférantes et dont le nom scientifique est *Murraya paniculata Jack. (Murraya exotica Linn.)*.

2. Doël (doyel) : le Merle Dyal, petit oiseau au plumage noir et blanc dont le nom scientifique est *Copsychus saularis ;* son chant mélodieux s'entend surtout d'avril à juillet.

3. Mollika (mallikâ), gondhoraj (gandharâja), koutoj (kuṭaja) : noms de diverses fleurs blanches au parfum doux dont les noms scientifiques sont respectivement *Jasminum sambac Ait* (famille des Oléacées), *Gardenia jusminoides Ellis (Gardenia florida Linn.)* (Rubiacées) et *Holarrhena antidysenterica Wall.* (Apocynacées).

— Je suis venu ici pour prendre un peu d'air, cela non plus tu ne peux pas le supporter ? dit Gobindolal.

— Comment le supporterais-je ? Tu as encore besoin de prendre ? N'en as-tu pas assez avec ce que tu prends à la maison pour avoir encore besoin de prendre l'air en laissant galvauder ton regard, à la dérobée, par monts et par vaux ?

— Qu'est-ce que j'ai donc mangé[1] en telle abondance à la maison ?

— Mais ne viens-tu pas d'avaler les reproches que je t'ai faits ?

— Tu n'as pas l'air de savoir, Bhomra[2], que si les Bengalis pouvaient être rassasiés par des reproches, les gens de ce pays et toute leur race mourraient en ce moment d'indigestion ! Les reproches sont très facilement digérés par les estomacs des Bengalis ! Montre-moi encore comment tu fais quand tu agites l'anneau que tu portes au nez[3].

L'histoire ne dit pas quel était le vrai prénom de la femme de Gobindolal, si c'était Krishnomohini ou Krishnokamini ou Onongomonjori ou quelque chose d'approchant; son prénom s'était perdu faute d'être utilisé. On l'appelait affectueusement « Bhromor ou Bhomra », prénom qui avait été adopté parce qu'il lui allait bien, car Bhomra avait la peau noire.

Pour protester contre cette allusion à l'agitation de son anneau, Bhomra l'enleva, le mit à un crochet et secoua le nez de Gobindolal. Puis elle regarda le visage de son mari et se mit à sourire doucement, persuadée qu'elle venait d'accomplir un exploit. Gobindolal aussi, fixant son visage, la regardait avec des yeux insatiables. C'était l'heure où la couronne des premiers rayons

1. Jeu de mots : le mot employé ici en bengali et traduit successivement par " prendre " " manger ", " avaler " veut dire manger, boire, fumer, prendre (l'air), subir (des reproches, des coups, etc.).

2. Bhomra est une variante du nom Bhromor, nom d'affection utilisé par son mari; l'un et l'autre signifient bourdon, mais le premier est plus familier; le bourdon indien est noir et sert, comme le corbeau en France, de point de comparaison pour la couleur noire.

3. Les femmes portaient souvent au nez un bijou (appelé noth (natha), en forme d'anneau avec une petite chaîne le rattachant à la chevelure; l'expression « agiter son pendentif nasal » a, outre son sens propre, le sens de « gronder, faire des reproches ».

annonçant le lever du soleil apparaissait dans le ciel. Sa douce gerbe de clarté commençait à se refléter sur la terre et cette première lumière venant de l'est tombait sur le visage de Bhromor qui était tourné dans cette direction. La douce lumière du matin sur ce visage brun, net, doux et resplendissant faisait briller ses yeux grands ouverts, mobiles et enjoués et illuminait ses joues fraîches et luisantes, et son sourire se mêlait à son regard, à la lumière, à la tendresse de Gobindolal et à la brise du matin.

C'est alors que dans le monde des servantes qui venaient de s'éveiller un tumulte s'éleva. On entendit les bruits variés du balayage dans les chambres, de l'arrosage, du nettoyage de la vaisselle, puis soudain, ils s'arrêtèrent et un nouveau vacarme se produisit :

— Oh, ma mère, qu'est-ce qui va se passer? Quel malheur! quelle audace! quel toupet! — exclamations mêlées ici et là de rires et de railleries.

Ce tapage fit sortir Bhromor.

Pour plusieurs raisons, la communauté des servantes ne lui obéissait guère. Bhromor était jeune, elle n'était pas elle-même la maîtresse de maison, puisque sa belle-mère et sa belle-sœur habitaient là, et enfin elle savait rire mieux qu'elle ne savait commander. Aussi en voyant Bhromor, la troupe des servantes ne fit qu'augmenter son tumulte.

La première disait :

— Toi aussi, tu en as entendu parler, belle-sœur [1]?

La deuxième :

— Personne n'a jamais entendu une chose aussi épouvantable.

La troisième :

— Quel culot, j'irai donner des coups de balai à cette garce.

La quatrième :

— Seulement du balai! Commande-le-moi, belle-sœur, et je vais lui couper le nez pour te le rapporter.

1. Les servantes appellent Bhromor belle-sœur, femme du frère aîné, comme si elles étaient de la famille; mais l'appellation employée ici (bau ṭhâkrun) n'est traduite qu'incomplètement par « belle-sœur » et n'est pas employée par les membres de la famille; le titre ṭhâkrun est la marque d'un grand respect.

La cinquième :

— Ce qu'il y a dans le ventre des gens, oh ma mère! je me demande comment le savoir.

Bhromor fit un sourire et demanda :

— Dites-moi d'abord ce qui s'est passé, vous ferez ensuite chacune ce que vous voudrez.

Le vacarme recommença aussitôt comme auparavant.

La première dit :

— Tu n'as pas entendu! Cela fait du bruit dans tout le quartier.

La deuxième :

— A malin, malin et demi.

— J'enlèverai le venin de cette garce à coups de balai, dit la troisième.

La quatrième :

— Que dire, belle-sœur, c'est un nain qui veut attraper la lune!

La cinquième :

— Quelle hypocrite celle-là! Qu'on la pende! Qu'on la pende!

— C'est vous qu'il faut pendre, répondit Bhromor.

Alors les servantes dirent d'une seule voix :

— Quelle est notre faute? Qu'avons-nous fait? Ah nous le savons bien! Que n'importe qui fasse n'importe quoi n'importe où, et c'est de notre faute! C'est parce que nous n'avions pas d'autre moyen d'existence que nous sommes venues gagner notre pain à la sueur de notre front.

Ce discours terminé, une ou deux d'entre elles commencèrent à pleurer en mettant le pan de leur sari [1] sur leurs yeux et l'une évoqua même son deuil à la mort de son fils; malgré son émotion, Bhromor ne put s'empêcher de rire.

— J'ai parlé de vous pendre parce que vous n'avez pas encore su dire de quoi il s'agit. Que s'est-il passé? redemanda-t-elle.

Alors, de tous côtés les voix se précipitèrent à quatre ou cinq à la fois et Bhromor eut beaucoup de peine à recueillir l'essentiel

1. Sari : cf. n. 2, p. 41.

de ces discours qui se succédaient sans fin, à savoir que la nuit précédente un vol avait été commis dans la chambre du maître. L'une dit que ce n'était pas un vol, mais un acte de brigandage, l'autre que c'était un cambriolage, une autre dit que ce n'était pas vrai, mais que seulement quatre ou cinq voleurs étaient venus et avaient emporté un papier du gouvernement d'une valeur de cent mille roupies.

— Et alors ? Quelle est la garce à qui vous vouliez couper le nez ? demanda Bhromor.

La première :

— A Madame Rohini, évidemment.

La deuxième :

— C'est bien cette misérable qui est au point de départ de la catastrophe.

La troisième :

— C'est peut-être elle qui a amené la bande de voleurs.

La quatrième :

— On ne récolte que ce qu'on a semé.

La cinquième :

— Maintenant, qu'elle crève en prison.

Bhromor leur demanda :

— Comment avez-vous su que Rohini était venue pour voler ?

— Mais parce qu'on l'a prise, on la garde enfermée dans les bureaux.

Bhromor partit pour dire à Gobindolal tout ce qu'elle venait d'entendre. Il réfléchit, puis secoua la tête.

— Pourquoi secoues-tu la tête ?

— Je ne crois pas que Rohini soit venue pour voler. Tu le crois toi ?

Bhromor dit que non.

— Pourquoi ne le crois-tu pas, si tout le monde le dit ?

— Et toi, pourquoi ne le crois-tu pas, dis-moi ?

— Je te le dirai après. Dis-moi d'abord pourquoi tu ne le crois pas.

— Toi, dis d'abord.

— Toi d'abord, dit Gobindolal en souriant.

— Pourquoi le dirais-je d'abord ?

— J'ai envie de t'écouter.

— Veux-tu que je te dise la vérité ?

— Dis-la.

Bhromor essaya, mais ne put rien dire ; honteuse, elle baissa la tête et resta silencieuse.

Gobindolal comprit ; il avait d'ailleurs compris même avant et c'est pour cela qu'il l'interrogeait avec tant d'insistance. Certes Bhromor était assurée de l'innocence de Rohini, elle y croyait aussi ferme qu'à sa propre existence. Mais cette certitude reposait seulement sur le fait que Gobindolal avait dit : « Je crois qu'elle est innocente. » Car ce que croyait Gobindolal, Bhromor le croyait aussi et Gobindolal, qui la connaissait bien, l'avait compris. C'est pour cela qu'il aimait tant cette jeune femme au teint noir.

Gobindolal sourit et lui demanda :

— Veux-tu que je te dise pourquoi tu es du côté de Rohini ?

— Pourquoi ?

— Parce qu'au lieu de dire que tu es noire, elle dit que tu as un beau teint bronzé.

Bhromor lui lança un regard en biais plein de colère :

— Va-t'en.

— Je m'en vais, dit Gobindolal et sur ces mots, il s'en alla. Bhromor le saisit par le vêtement :

— Où vas-tu ?

— Dis-le-moi.

— Cette fois, je te le dis ?

— Dis.

— Tu vas sauver Rohini.

— Oui, dit Gobindolal en embrassant Bhromor.

Car un cœur compatissant comprend toujours un autre cœur compatissant.

CHAPITRE ONZIÈME

Gobindolal se présenta au bureau de Krishnokanto Ray qui se trouvait à l'extérieur de la maison. Krishnokanto s'y rendait dès le matin. Assis sur un divan comme sur un trône, il avait mis du tabac d'ambre gris dans son narguilé en or et jouissait sur la terre d'un plaisir céleste. D'un côté étaient amoncelés des liasses de feuilles de compte, des registres, des quittances, des bilans, des états de fermages et de loyers, des inventaires, des redevances, des documents, des livres de caisse. De l'autre côté se tenaient ses régisseurs, agents, contremaîtres, commis, caissiers, arpenteurs, laquais, fermiers, et en face se trouvait Rohini, tête baissée, son voile tiré sur son visage.

— A peine entré, Gobindolal, le neveu chéri, demanda :

— Que s'est-il passé, mon oncle ?

En entendant sa voix, Rohini écarta un peu son voile et lui lança un coup d'œil. Gobindolal ne prêta guère attention à ce que lui répondit Krishnokanto, mais il se demanda ce que pouvait signifier ce coup d'œil. Il finit par conclure que ce regard triste avait le sens d'une prière. Mais quelle prière ? Gobindolal réfléchit qu'il ne pouvait s'agir que de la prière qu'inspire le danger. Elle voulait être délivrée d'un péril. Puis il se rappela aussi la conversation qu'ils avaient eue debout sur le bord de l'étang, lors de laquelle il lui avait dit : « Si tu as des ennuis quelconques, aujourd'hui ou demain, dis-le-moi. » Or Rohini avait réellement des ennuis aujourd'hui et c'était peut-être ce qu'elle voulait lui signifier par ce regard.

Gobindolal songea : « Je voudrais te rendre service; je le souhaite vraiment, car je me rends compte que tu n'as aucun soutien sur cette terre. Mais tu es tombée entre les mains d'un homme tel qu'il n'est pas facile de te sauver. » Pensant à tout cela, il demanda à son oncle à haute voix :

— Que s'est-il passé mon oncle ?

Le vieux venait de raconter toute l'histoire à son neveu du début à la fin, mais Gobindolal était alors trop préoccupé par le sens à donner au regard de Rohini et il n'avait rien entendu, si bien qu'il reposa la même question.

« Eh bien voilà, ça y est, se dit le vieillard; ce garçon a perdu la tête en regardant cette garce au visage beau comme la lune ! »

Krishnokanto recommença à raconter l'histoire de la nuit précédente depuis le début. Après l'avoir terminée, il ajouta :

— C'est un tour de ce vaurien d'Horolal; il semble qu'il ait corrompu cette garce par de l'argent et qu'elle soit venue pour mettre le faux testament et voler le vrai. Puis, prise et apeurée, elle a déchiré le faux testament.

— Que dit Rohini ?

— Que peut-elle dire d'autre ? Elle dit que ce n'est pas cela.

Gobindolal, se tournant vers Rohini, lui demanda :

— Si ce n'est pas cela, alors qu'est-ce que c'est, Rohini ?

Sans lever la tête, elle dit d'une voix étouffée :

— Je suis tombée entre vos mains, faites de moi ce que vous voulez, je ne dirai plus rien.

— Tu vois sa perversité, dit Krishnokanto.

Gobindolal pensa que tout le monde n'était pas pervers sur cette terre et qu'il pouvait y avoir autre chose en elle que de la perversité.

— Quels ordres avez-vous donnés à son sujet ? dit-il à haute voix. L'enverrez-vous au poste de police ?

— Qu'ai-je à faire avec la police et les procès criminels ? C'est moi qui suis la police, c'est moi qui suis le juge, c'est moi qui suis la cour d'assises. En quoi serais-je un homme plus digne de ce nom si j'envoie cette femme de rien en prison ?

— Alors que ferez-vous ? lui demanda Gobindolal.

— Je lui ferai raser la tête, j'y ferai verser du petit-lait, et je la chasserai du village, en faisant battre l'air derrière elle avec un van [1]. Elle ne pourra plus rentrer dans mon domaine.

— Qu'en dis-tu, Rohini ? demanda Gobindolal en se tournant de nouveau vers Rohini.

— Je n'y vois pas d'inconvénient.

Gobindolal fut étonné, il réfléchit un instant et dit à Krishnokanto :

— J'ai une prière à vous faire.

— Laquelle ?

— Relâchez-la un moment : je me porte garant pour elle, je la ramènerai à dix heures.

« C'est peut-être bien ce que j'avais pensé, se dit Krishnokanto, je vois qu'elle intéresse mon petit », puis il demanda :

— Où irez-vous ? Pourquoi la relâcherais-je ?

— Il est absolument nécessaire de connaître la vérité ; elle ne la révélera pas devant tant de personnes, je l'interrogerai quand je l'aurai emmenée à l'intérieur de la maison.

« Quelle blague ! se dit Krishnokanto. Les jeunes de cette époque n'ont vraiment aucune pudeur ! Attends, mon ami ! A moi maintenant de te jouer un tour au-dessus du tien. »

Ayant réfléchi ainsi, il dit : « Très bien », puis il s'adressa à un garde :

— Eh toi, va avec elle, puis envoie-la avec une servante auprès de ma seconde belle-fille, en prenant bien garde qu'elle ne s'évade pas.

Le garde emmena Rohini. Gobindolal partit et Krishnokanto pensa : « Dourga, Dourga [2], qu'est devenue la jeunesse d'aujourd'hui ! »

1. Cf. p. 68, n. 1.

2. Dourga (Durgâ) : un des noms de l'épouse de Çiva, les principaux autres noms de la déesse étant Gaurî, Pârvatî, Kâlî, Çyâmâ, Caṇḍî, Caṇḍikâ : aspects tantôt favorables, tantôt redoutables.

CHAPITRE DOUZIÈME

Gobindolal entra dans la maison et trouva Bhromor assise avec Rohini en silence. Elle aurait bien voulu lui dire des phrases gentilles, mais elle ne pouvait pas les lui dire parce qu'elle craignait qu'elle ne se mît à pleurer même si elle lui parlait gentiment de sa détresse. Bhromor, voyant venir Gobindolal, eut l'impression d'être délivrée d'un fardeau. Très vite, elle s'éloigna et fit un signe à Gobindolal pour l'appeler. Quand il se fut approché d'elle, elle lui demanda tout bas :

— Pourquoi Rohini est-elle ici ?

— J'ai à lui poser une question en secret, ensuite il lui arrivera ce qui doit lui arriver.

— Que vas-tu lui demander ?

— Ce qui se passe en elle. Si tu as peur de me laisser seul avec elle, cache-toi pour écouter.

Bhromor fut très gênée. Baissant la tête de honte, elle se sauva en courant, alla tout droit dans la cuisine, et tira par-derrière les cheveux de la cuisinière et lui dit :

— Belle-sœur [1] cuisinière, raconte-moi un conte de fées tout en faisant la cuisine.

De son côté, Gobindolal demanda à Rohini :

— Veux-tu me raconter l'histoire dans tous les détails ?

1. Belle-sœur : la cuisinière est considérée comme faisant partie de la famille. Le mot employé est « ṭhâkurjhi », littéralement « sœur du mari ».

Son cœur brûlait de tout dire, mais elle était de cette race qui montait vivante sur le bûcher funèbre, la race des femmes aryennes; elle lui répondit :

— Vous avez tout entendu de la bouche du maître.

— Il dit que tu es venue pour mettre le faux testament et voler le vrai, c'est bien ça ?

— Non, ce n'est pas ça.

— Alors, c'est quoi ?

— A quoi bon le dire ?

— Cela peut être bien pour toi.

— Vous me croiriez ?

— Si tes paroles sont croyables, pourquoi ne les croirai-je pas ?

— Elles ne sont pas croyables.

— Ce que je peux croire ou ne pas croire, je suis seul à le savoir; comment toi le saurais-tu ? Je crois parfois même des paroles incroyables.

Rohini se dit : « Pourquoi, sinon, m'exposerais-je à la mort à cause de toi ? De toute façon, je suis exposée à la mort, mais je mourrai après t'avoir éprouvé. »

Elle dit tout haut :

— Vous êtes généreux, mais vraiment à quoi bon vous faire le récit de mes malheurs ?

— Si je peux te rendre un service.

— Quel service ?

Gobindolal réfléchit : « Quelle rusée ! Mais elle est malheureuse et il est difficile de l'abandonner. »

— Si je peux, dit-il tout haut, je supplierai le maître, il te laissera partir.

— Et si vous ne le lui demandez pas, alors, que fera-t-il de moi ?

— Tu l'as bien entendu, non ?

— Il me rasera la tête, il y versera du petit-lait et il me chassera du pays. Je n'y vois ni bien ni mal. Après cette disgrâce, il me rendra service en me mettant dehors; comment en effet me montrer encore ici ? S'il ne me chasse pas, je quitterai moi-même ce pays. Et puis, le fait de verser du petit-lait n'est pas une punition très sévère; le petit-lait s'en ira quand je me laverai. Quant à ces cheveux...

En disant cela, Rohini regardait ses cheveux qui ressemblaient à un lac noir et houleux.

— Quant à ces cheveux, poursuivit-elle, envoyez chercher des ciseaux, je vais tous les couper pour en faire des tresses pour ma belle-sœur [1].

Cela fit mal à Gobindolal, il poussa un soupir :

— Je comprends, Rohini, c'est la disgrâce qui est ton châtiment; les autres punitions te laissent indifférente.

Rohini se mit à pleurer; au fond de son cœur, elle remerciait Gobindolal mille et mille fois :

— Si vous avez compris, dit-elle, alors, je vous le demande, pourriez-vous me sauver de cette disgrâce?

Gobindolal réfléchit quelques instants :

— Je ne peux pas te le dire. Quand j'aurai entendu la véritable histoire, je serai capable de te dire si je peux faire quelque chose.

— Demandez-moi ce que vous voulez savoir, lui dit Rohini.

— Ce que tu as brûlé, qu'est-ce que c'était ?

— Un faux testament.

— Où l'avais-tu trouvé ?

— Dans la chambre du maître, dans le tiroir.

— Comment ce faux testament se trouvait-il là ?

— C'est moi qui l'y avais mis; la nuit qui a suivi le jour où le vrai testament a été écrit, je suis venue voler le vrai et mettre le faux.

— Pourquoi, dans quel intérêt ?

— C'est Monsieur Horolal qui me l'a demandé.

— Alors qu'es-tu venue faire de nouveau, cette nuit ?

— Remettre le vrai et voler le faux.

— Pourquoi, qu'y avait-il dans le faux testament ?

— Douze annas pour Horolal et pour vous, un paï [2].

— Pourquoi es-tu revenue changer le testament, je ne te l'avais pourtant pas demandé?

1. Belle-sœur : bau ṭhâkrun, cf. p. 71, n. 1.
2. Anna et paï : cf. p. 32 n. 1 et p. 34, n. 2.

Rohini recommença à pleurer, puis, réprimant ses pleurs avec beaucoup de peine, elle dit :

— Non, vous ne me l'avez pas demandé, mais ce que je n'ai jamais eu dans ma vie, et que je n'aurai jamais, vous me l'avez donné.

— Quoi, Rohini ?

— C'était au bord de l'étang de Barouni, rappelez-vous.

— Quoi ?

— Quoi ? De ma vie, je ne pourrai le dire. Non, ne me le demandez plus ! C'est un mal sans remède dont je ne peux plus me libérer. Si je pouvais avoir du poison, j'en prendrais, mais pas chez vous. Vous ne pouvez pas me rendre d'autre service. Un seul cependant : laissez-moi partir un moment, que j'aille pleurer. Puis, si je suis encore en vie, rasez-moi la tête, versez-y du petit-lait et chassez-moi du pays.

Gobindolal comprit. Il vit le cœur de Rohini comme une image dans un miroir. Il comprit que ce qui avait fasciné Bhromor avait aussi fasciné ce serpent. Il n'en fut ni joyeux ni irrité, mais, comme dans un océan, il sentit monter en son cœur une vague de compassion.

— Rohini, dit-il, ce serait peut-être bien pour toi de mourir, mais tu ne dois pas mourir. Tous les hommes sont venus sur terre pour travailler. Pourquoi mourir avant d'avoir fait son travail ?

Gobindolal hésita...

— Dites, je vous en prie.

— Il faut que tu partes en abandonnant le pays.

— Pourquoi ?

— Mais, tu l'as dit toi-même, tu veux le quitter.

— C'était la honte qui me faisait parler ainsi ; vous, pourquoi le dites-vous ?

— Il ne faut plus nous rencontrer.

Rohini se rendit compte que Gobindolal avait tout compris. Au fond d'elle-même, elle en fut très gênée et très heureuse et oublia toutes ses souffrances. De nouveau, elle eut envie de vivre, de nouveau renaissait en elle le désir de rester dans le pays. Comme l'homme dépend des autres !

— Je suis prête à partir tout de suite, dit Rohini, mais où irai-je ?

— A Calcutta ; je vais écrire tout de suite une lettre à un ami qui y habite. Il t'achètera une maison, tu n'auras pas à payer.

— Que deviendra mon oncle ?

— Il ira avec toi, sinon, je ne te dirais pas d'aller à Calcutta.

— Comment vivrons-nous ?

— Mon ami trouvera un emploi pour ton oncle.

— Pourquoi mon oncle accepterait-il de quitter le pays ?

— Ne pourras-tu pas le persuader, après tout ce qui est arrivé ?

— Si, je le pourrai, mais qui va persuader votre oncle ? Pourquoi me relâcherait-il ?

— Je le lui demanderai.

— Ce sera pour moi une disgrâce supplémentaire et, vous aussi, vous auriez votre part de disgrâce.

— C'est vrai, eh bien, Bhromor ira prier le maître en ta faveur. Va maintenant chercher Bhromor, envoie-la-moi et reste là, dans cette maison, que je puisse t'appeler.

Rohini, les larmes aux yeux, partit chercher Bhromor tout en regardant Gobindolal et c'est ainsi que, dans sa disgrâce et dans sa captivité, Rohini parla pour la première fois de son amour.

CHAPITRE TREIZIÈME

Bhromor n'accepta pas d'aller demander quoi que ce fût à son beau-père. Quelle honte, pensez! Gobindolal fut donc obligé de se rendre lui-même auprès de Krishnokanto. Il le trouva à moitié étendu sur son lit, après son repas, le tuyau de son narguilé à la main; il dormait profondément. D'un côté, son nez faisait des gammes variées avec les modulations produites par son ronflement saccadé, et d'un autre côté son esprit, monté, grâce à l'opium, sur le cheval qui parcourt les trois mondes [1], voyageait en diverses contrées. Le visage de Rohini, semblable à la pleine lune, était même peut-être apparu dans l'esprit du vieil homme. Où la lune ne peut-elle pas se lever? Sinon pourquoi le vieillard, sous l'effet de l'opium, aurait-il mis ce visage sur les épaules d'Indrani [2]?

Krishnokanto voyait Rohini, soudain transformée en Shotchi [3] d'Indra, voler le taureau de Mohadeb [4] dans son étable. Nondi [4], venu, son trident à la main, lui donner du fourrage, l'avait prise et il le voyait la tirer par ses cheveux défaits. Et le paon de Shoranone [5], ayant appris sa présence, avait pris ses cheveux

1. Les trois mondes : le monde céleste, le monde terrestre et les domaines souterrains ou infernaux.
2. Indrani (Indrâṇî) : nom de l'épouse du roi des dieux, Indra.
3. Shotchi (Çacî) : autre nom d'Indrâṇî.
4. Mohadeb et Nondi : voir p. 45, n. 2 et p. 46, n. 2.
5. Shoranone (Ṣaṛânan) : fils de Çiva et de Pârvatî, ainsi nommé parce qu'il possédait six visages. C'est le même personnage qui est

frisés tombant jusqu'à ses talons pour une rangée de serpents au capuchon déployé et il s'avançait pour les avaler. Alors Shoranone lui-même, qui avait vu la cruauté de son paon, se présenta auprès de Mohadeb pour porter plainte et appela :

— Mon oncle !

Étonné, Krishnokanto se demandait : « Par quelle relation Kartik appelle-t-il Mohadeb, son oncle ? »

Quand Kartik appela de nouveau : « Mon oncle », Krishnokanto exaspéré, leva la main pour lui tirer l'oreille. Aussitôt le tuyau du narguilé tomba de sa main en faisant un bruit métallique sur le pot de bétel, qui fit à son tour le même bruit en tombant sur le crachoir. Tuyau, pot de bétel et crachoir résonnèrent tous les trois par terre. Ce bruit réveilla Krishnokanto, qui vit, en ouvrant les yeux, que Kartik était réellement là. Tel le héros Skondo incarné, Gobindolal se tenait debout devant lui et appelait :

— Mon oncle.

Krishnokanto se redressa brusquement sur son séant et lui demanda :

— Tu veux quelque chose, mon petit Gobindolal ?

Le vieillard chérissait Gobindolal. Gobindolal se sentit gêné :

— Continuez à dormir, je ne suis pas venu pour une chose très importante.

En disant cela, Gobindolal ramassa le crachoir, le remit droit, mit le pot de bétel à sa place, le tuyau du narguilé dans la main de Krishnokanto. Mais Krishnokanto était inébranlable, il ne se laissait pas facilement attendrir et il se dit à lui-même : « Évidemment, cet animal est encore venu pour me parler de la garce au visage semblable à la lune ! »

— Non, dit-il à haute voix, j'ai assez dormi, je ne veux plus dormir.

Gobindolal fut un peu embarrassé. S'il n'avait éprouvé aucune gêne le matin à parler de Rohini à Krishnokanto, maintenant il commençait à en éprouver. Il essaya de parler, mais en vain.

mentionné quelques lignes plus loin sous les noms de Kârtik, Kârtikeya et Skanda; Kârtik est son nom le plus usité. Il est renommé pour sa beauté et son élégance; sa monture est le paon.

Était-ce à cause de la conversation qu'il avait eue avec Rohini au sujet de l'étang qu'il ressentait ce malaise ?

Le vieillard s'amusait en lui-même. Comme Gobindolal ne disait rien, il se mit à parler de la propriété, puis après la propriété, de la famille, puis après la famille, des procès, mais il ne dirigea jamais la conversation du côté de Rohini et Gobindolal n'arriva pas à la mettre sur son sujet. Krishnokanto riait beaucoup, vieillard cruel !

Gobindolal allait se résoudre à partir, quand Krishnokanto appela son neveu chéri et lui demanda :

— La garce pour laquelle tu t'es porté garant ce matin, a-t-elle avoué quelque chose ?

Alors Gobindolal, profitant de l'occasion, raconta brièvement ce que Rohini lui avait dit. Il passa sous silence la conversation au sujet de l'étang de Barouni.

— Que voulez-vous maintenant que l'on fasse d'elle ? demanda Krishnokanto, après l'avoir écouté.

Confus, Gobindolal répondit :

— Votre désir sera le nôtre.

Krishnokanto sourit en lui-même et sans en laisser rien voir au-dehors, il lui dit :

— Je ne crois pas à son histoire; on va lui raser la tête, y verser du petit-lait et la chasser du pays. Qu'en dis-tu ?

Gobindolal resta silencieux. Alors, féroce, le vieillard ajouta :

— Mais vous, si vous estimez qu'elle est innocente, alors laissez-la aller.

Gobindolal poussa un soupir en se sentant libéré de l'emprise du vieillard.

CHAPITRE QUATORZIÈME

Rohini, avec la permission de Gobindolal, rentra pour faire ses préparatifs de départ avec son oncle.

Sans rien lui dire, elle s'assit au milieu de sa chambre et se mit à pleurer.

« Je ne veux pas quitter Horidragram. Je mourrai si je ne vois plus Gobindolal. Si je vais à Calcutta, je ne pourrai pas le voir. Je n'irai pas. Horidragram est mon paradis. C'est ici qu'est le temple de Gobindolal et c'est ici, à Horidragram, que sera mon bûcher, ici que l'on me brûlera après ma mort. Quel affreux destin que de ne pas obtenir de mourir sur son lieu d'incinération ! Si je ne quitte pas Horidragram, qui pourra bien me faire quoi que ce soit ? Krishnokanto me rasera la tête, y versera du petit-lait et me chassera du pays ? Je reviendrai. Gobindolal sera furieux ? Qu'il le soit ! Je le verrai tout de même. On ne pourra pas m'arracher les yeux. Je n'irai pas, je n'irai pas à Calcutta, je n'irai nulle part. Si je dois partir, j'irai chez Yama [1] et nulle part ailleurs. »

Cette résolution prise, l'impudente Rohini se leva, ouvrit la porte et, tel l'insecte qui se précipite sur la flamme, alla tout droit chez Gobindolal. Elle se répétait tout en avançant :

« Ô maître du monde, ô prince des pauvres, ô toi, l'unique

1. Yama : dieu de la mort dont la fonction est de juger les morts et de régner dans les enfers.

soutien des malheureux! Je suis très malheureuse, je suis tombée dans un grand malheur. Sauve-moi! Éteins cette intolérable flamme d'amour qui brûle mon cœur, ne la laisse plus brûler en moi. Celui que je vais voir, autant de fois je le verrai, autant de fois je connaîtrai une souffrance insupportable, un bonheur infini. Je suis veuve : je perds ma vertu, je perds mon bonheur, je perds mon âme, que me reste-t-il, Seigneur? Que me restera-t-il, Seigneur? Ô Dieu, ô Dourga [1], ô Kali [1], ô Jogonnath [2]! donnez-moi la sagesse, apaisez mon âme, je ne peux plus supporter cette souffrance. »

Mais ce cœur débordant, égaré, plein d'un amour immodéré, ne put se calmer. Tantôt elle songeait à prendre du poison, tantôt elle songeait à se jeter aux pieds de Gobindolal, à tout lui dire en lui ouvrant son cœur, tantôt elle songeait à s'enfuir, tantôt elle songeait à se noyer dans l'étang de Barouni, tantôt elle songeait à envoyer sa vertu au diable et à enlever Gobindolal pour s'enfuir avec lui dans un autre pays. Rohini pleurait toujours quand elle se présenta de nouveau devant Gobindolal.

Gobindolal lui demanda :

— Alors la décision est prise d'aller à Calcutta?

— Non.

— Eh quoi? Il y a un instant tu m'avais dit que tu étais d'accord.

— Je ne pourrai pas y aller.

— Je ne peux pas te le dire, je n'ai aucun droit de te forcer, mais tu ferais mieux de partir.

— En quoi serait-ce mieux?

Gobindolal baissa la tête. Quel droit avait-il de lui parler clairement?

Rohini se cacha pour essuyer ses larmes et rentra à la maison.

1. Dourga, Kali : cf. p. 77, n. 2 et préface. p. 10, n. 1 et 2.

2. Jogonnath (Jagannâtha) est d'une part un des noms de Dieu évoqué comme dieu unique, et d'autre part une divinité qui est une forme de Viṣṇu et qui a un temple célèbre à Puri dans l'État d'Orissa. On célèbre en grande pompe sa fête, appelée Rothojatra (Rathayâtrâ), à la date de sa visite annuelle chez sa tante maternelle, au mois d'âṣâṛha (15 juin-15 juillet), en présence d'une foule de pèlerins venus spécialement, et on promène à cette occasion sa statue sur un char traîné par les dévots.

Gobindolal très triste se mit à réfléchir quand Bhromor arriva en dansant :

— A quoi penses-tu ?

— Devine-le.

— A ma beauté noire.

— Bah!

Feignant une violente colère, Bhromor lui lança :

— Comment ! Tu ne penses pas à moi ? As-tu sur la terre une autre préoccupation que moi ?

— Pourquoi pas ? Es-tu au-dessus de tout le monde ? Je pense à une autre personne.

Alors Bhromor prit Gobindolal par le cou, l'embrassa, se fondit en caresses et dans un tendre chuchotement, toute douceur et tout sourire, elle lui demanda :

— A quelle autre personne ? Dis-moi, à qui pensais-tu ?

— A quoi bon te le dire ?

— Dis-le.

— Tu vas te fâcher.

— Peu importe, dis-le quand même.

— Va voir si tout le monde a fini de manger.

— J'irai tout à l'heure, dis-moi quelle est cette personne.

— Quelle épine tu es ! Je pensais à Rohini.

— Pourquoi pensais-tu à Rohini ?

— Comment le saurais-je ?

— Tu le sais, dis-le.

— Une personne ne peut-elle pas penser à une autre ?

— Non, on ne pense qu'à la personne que l'on aime; moi, je pense à toi, toi, tu penses à moi.

— Alors j'aime Rohini.

— Tu mens, tu m'aimes, tu ne dois aimer personne d'autre. Pourquoi pensais-tu à Rohini, dis-moi ?

— Une veuve doit-elle manger du poisson ?

— Non.

— Si une veuve ne doit pas manger de poisson, alors pourquoi la mère de Tarini en mange-t-elle ?

— Parce qu'elle est dépravée, elle fait ce qu'elle ne doit pas faire.

— Moi aussi, je suis dépravé, je fais ce que je ne dois pas faire, j'aime Rohini.

Brusquement, Bhromor enfonça un doigt dans la joue de Gobindolal. Furieuse, elle lui dit :

— Je suis Madame Bhomra Dashi. Mentir devant moi ?

Gobindolal céda. Il mit une main sur l'épaule de Bhromor, prit de l'autre son visage plein de grâce, semblable à un pétale de lotus épanoui, et d'une voix émue, à la fois douce et grave, il lui dit :

— C'est un mensonge, Bhromor, je n'aime pas Rohini, c'est Rohini qui m'aime.

D'un mouvement brutal, elle retira son visage de la main de Gobindolal, elle se tint à distance et tout essoufflée elle lança :

— Saleté ! Ordure ! Guenon ! Qu'elle meure ! Qu'elle meure ! Qu'elle meure ! Qu'elle meure ! Qu'elle meure !

Gobindolal sourit :

— Pourquoi déjà tant d'injures ? Elle ne t'a pas encore enlevé ton trésor.

Un peu confuse, Bhromor répondit :

— Non, ce n'est pas cela. Est-ce qu'elle le pourrait ? Mais pourquoi la garce te l'a-t-elle dit ?

— Tu as raison, Bhromor, elle ne devait pas me le dire ; je le pensais aussi ; je lui avais demandé de déménager et d'aller habiter à Calcutta ; j'avais même consenti à payer les dépenses.

— Et alors ?

— Et alors elle n'a pas accepté.

— Bon, puis-je lui donner un conseil ?

— Tu peux, mais je veux savoir lequel.

— Écoute.

Sur ces mots, Bhromor appela une servante :

— Khiri, Khiri.

Alors se présenta Khiroda, autrement appelée Khirodmoni, ou encore Khirabdhitonoya ou tout simplement Khiri ; petite et ronde comme une boule, des anneaux aux chevilles, une ceinture à la taille, un regard et un sourire qui lui remplissaient le visage.

Bhromor lui demanda :

— Khiri, peux-tu aller tout de suite auprès de cette misérable Rohini ?

— Pourquoi pas ? Que dois-je lui dire ?

— Va lui dire de ma part que je lui fais dire de mourir.

— C'est tout ? J'y vais.

En disant ces mots, elle partit en faisant tinter les anneaux de ses chevilles. Bhromor l'arrêta :

— Reviens me raconter ce qu'elle t'aura dit.

— Entendu, dit Khiroda, et elle s'en fut.

Un instant après, elle était de retour :

— Je le lui ai dit.

— Qu'a-t-elle répondu ?

— Que vous lui indiquiez par quel moyen.

— Alors repars et dis-lui qu'il y a l'étang de Barouni, à la tombée de la nuit, avec une cruche attachée au cou; tu as compris ?

— Entendu.

Khiri repartit, puis revint.

— Tu as parlé de l'étang de Barouni ?

— Oui.

— Qu'a-t-elle dit ?

— Elle a dit qu'elle était d'accord.

Gobindolal s'indigna :

— Tu n'y penses pas, Bhromor !

— Ne t'inquiète pas ! Elle ne mourra pas. Crois-tu qu'une femme qui est sous ton charme peut mourir ?

CHAPITRE QUINZIÈME

Sa journée terminée, Gobindolal vint, comme chaque soir, se promener dans son jardin de fleurs, au bord de l'étang de Barouni. C'était un des moments les plus agréables pour lui. Il faisait deux ou trois fois le tour de chaque arbre. Mais nous n'allons pas parler maintenant de tous les arbres. Au bord de l'étang au milieu du jardin, se trouvait un socle élevé sur lequel était dressée une statue de femme en pierre blanche, à moitié nue, les yeux baissés et qui semblait verser de l'eau sur ses pieds avec une cruche. Tout autour de la statue, sur le socle, dans des pots en terre aux couleurs éclatantes fleurissaient de petites plantes, géraniums, verveines, euphorbes, chrysanthèmes, roses. Au pied du socle, des rangées de kaminis [1], de jouthikas [2], de mollikas [3], de gondhorajs [3], et d'autres fleurs indigènes odoriférantes embaumaient l'air de leur délicieux parfum. Puis s'étendaient des rangées d'arbustes de toutes sortes, indigènes et exotiques, aux feuilles de couleurs variées et éclatantes, bleues, jaunes, rouges, blanches, véritable enchantement des yeux. C'était là qu'aimait s'asseoir Gobindolal. Parfois, la nuit, au clair de lune, il allait chercher Bhromor pour se promener avec elle et il la faisait asseoir là. A la vue de la statue en pierre à moitié nue,

1. Kamini : voir p. 69, n. 1.
2. Jouthika (yûthikâ), fleur blanche au parfum doux de la famille des Oléacées *(Jasminum auriculatum Vahl)*.
3. Mollika, gondhoraj : voir p. 69, n. 3.

Bhromor l'injuriait en la traitant d'impudique : tantôt elle couvrait son corps du pan de son sari [1], tantôt elle apportait de la maison son plus beau sari pour l'habiller, tantôt elle tirait la cruche qu'elle tenait à la main.

C'est donc ici que, ce soir, Gobindolal, assis, contemplait l'étang de Barouni dont les eaux ressemblaient à un miroir, quand il aperçut Rohini, la cruche sur la hanche, en train de descendre les larges marches en pierre de l'étang. On peut se passer de tout, mais on ne peut se passer d'eau. Aussi, même en ce jour de détresse, Rohini venait chercher de l'eau. Pensant qu'elle allait peut-être se laver et que ce serait inconvenant de rester là, Gobindolal se retira.

Il se promena çà et là pendant un long moment, puis pensa que Rohini avait dû remonter. Il revint donc s'asseoir auprès du socle, au pied de la belle femme de pierre qui versait de l'eau, et il contempla de nouveau la beauté de l'étang. Il ne vit ni Rohini, ni personne, homme ou femme. Personne nulle part; seule, une cruche flottait sur l'eau.

A qui était cette cruche ? Soudain il eut un doute : quelqu'un ne s'était-il pas noyé en venant chercher de l'eau ? Rohini était là il y a un instant. Tout à coup il se rappela ce qui s'était passé le matin. Il se souvint que Bhromor avait fait dire à Rohini : « dans l'étang, à la tombée de la nuit, une cruche, attachée autour du cou »; il se souvint que Rohini avait répondu « d'accord ».

Gobindolal dégringola les marches et, debout sur la dernière d'entre elles, scruta l'étang de tous côtés. L'eau avait la transparence du verre. Devant les marches, on pouvait voir le fond. Il y aperçut Rohini étendue, telle une image dorée dans un cristal transparent. Elle illuminait le fond obscur de l'eau.

1. Sari : voir p. 41, n. 2.

CHAPITRE SEIZIÈME

Gobindolal plongea aussitôt, ramena Rohini à la surface et la coucha sur les marches. A la regarder, il n'était pas sûr qu'elle fût encore en vie; elle avait perdu connaissance, sa respiration s'était arrêtée.

Gobindolal appela un jardinier, avec l'aide de qui il emporta Rohini dans un pavillon pour la soigner : vivante ou morte, elle entrait enfin dans la maison de Gobindolal. Aucune autre femme, Bhromor exceptée, n'y avait pénétré.

Semblable à une fleur de champak [1] lavée par les pluies d'un orage, ce corps de femme inanimé étendu sur le lit rayonnait à la lumière de la lampe. La masse de ses longs cheveux tombait droit sous le poids de l'eau qui dégouttait d'eux, comme la pluie des nuages. Ses yeux étaient fermés, mais, au-dessus de ses paupières closes, les sourcils mouillées brillaient d'un éclat plus noir. De son large front tranquille, sans honte ni peur, émanait un sentiment inexprimable; ses joues étincelaient encore et ses lèvres encore douces couvraient de honte les fleurs de bandhoulis [2]. Gobindolal eut les larmes aux yeux :

— Hélas, hélas, dit-il, pourquoi Dieu t'a-t-il envoyée sur la

1. Champak : voir p. 56, n. 1.

2. Bandhouli (bândhulî) : fleur de couleur rouge vif de la famille des Sterculiacées *(Pentapetes phoenica Linn)*. Elle sert de comparaison pour suggérer la couleur des lèvres des femmes.

terre avec tant de beauté ? Pourquoi, après te l'avoir donnée, ne t'a-t-il pas rendue heureuse ? Pourquoi partir ainsi ?

Quand il pensa que c'était lui qui était la cause du suicide de cette jeune beauté, son cœur fut brisé.

Si Rohini avait encore un souffle de vie, il fallait l'empêcher de mourir. Gobindolal savait comment faire revenir un noyé : il est facile de faire sortir l'eau de l'estomac. Deux ou trois fois, il la mit debout, l'assit, la retourna, la fit tournoyer et ainsi lui fit rendre l'eau. Mais elle ne retrouva pas sa respiration. Ce n'était pas chose facile.

Gobindolal se souvenait que, quand on lève les bras d'un mourant, les poumons se dilatent et qu'il faut alors souffler dans la bouche de la victime. On doit ensuite abaisser doucement les bras, ce qui permet aux poumons de se contracter, et à l'air qui avait pénétré de sortir automatiquement, produisant ainsi une respiration artificielle. Si l'on répète ce procédé, le fonctionnement des poumons se rétablit de lui-même : peu à peu la respiration naturelle succède à la respiration artificielle. Pour obtenir ce résultat avec Rohini, il fallait donc élever ses deux bras avec les deux mains, puis souffler dans sa bouche, en posant les lèvres sur ses lèvres douces et rouges comme des cerises [1] mûres, encore pleines de nectar, ivres d'amour, cruche empoisonnée ! Quelle catastrophe ! Qui allait le faire ?

Le jardinier seul pouvait aider Gobindolal, les autres domestiques venant juste de rentrer chez eux. Gobindolal lui dit :

— Je vais lever ses bras, tu vas souffler dans sa bouche.

Souffler dans sa bouche ! Est-ce possible ? Le souffle de la bouche du jardinier sur ces lèvres rouges remplies de nectar !

— Je ne le pourrai pas, Monsieur.

Si son maître lui avait demandé de mâcher de la pierre, peut-être l'aurait-il fait par respect pour lui, mais souffler avec cette

1. Cerises : le texte dit plus précisément « bimba », fruit de la famille des Cucurbitacées *(Coccinia indica W. A ;* anciennement *Cephalandra indica Naud* ou *Momordica Monadelpha Roxb.) ;* quand il est mûr, il est de couleur rouge vif et sert de comparaison pour les lèvres des femmes.

bouche venue de Cuttuck [1] sur les lèvres vermeilles de ce visage semblable à la pleine lune! Le jardinier commença à transpirer. Il redit nettement :

— Je ne le pourrai pas, Monsieur.

Et il fit bien. Car s'il avait soufflé sur ces lèvres, d'une beauté rare même parmi les dieux, et si plus tard Rohini ressuscitée l'avait regardé avec une moue de ses lèvres en rentrant la cruche pleine d'eau sur sa hanche, il ne lui aurait plus été possible de travailler dans le jardin de fleurs. Il est certain que s'il avait accepté, il aurait jeté dans l'étang tous ses outils, sarcloir, houe, binette, ciseaux, pelle, pour courir d'une traite vers Bhodrok [2], où il se serait sans doute noyé dans l'eau bleue de la Shoubornorekha [3]. Qu'il y ait songé ou non, il refusa de souffler.

Gobindolal vit qu'il n'y avait pas d'autre issue :

— Elève doucement ses deux bras de cette manière, je vais souffler. Puis tu les baisseras lentement.

Le jardinier accepta : il prit les deux bras et les éleva doucement. Alors Gobindolal posa ses lèvres rouges d'une beauté de fleur épanouie sur les lèvres rouges de Rohini, belles aussi comme une fleur épanouie. Il souffla dans la bouche de Rohini.

A cet instant, Bhromor qui tenait un bâton pour battre un chat, se donna un coup sur le front au lieu de frapper le chat.

Le jardinier baissa les bras de Rohini puis il les releva et Gobindolal souffla de nouveau. Pendant deux ou trois heures ils continuèrent ainsi. Rohini enfin retrouva sa respiration : elle était sauvée.

1. Cuttuck : à cette époque, capitale de l'État d'Orissa, d'où est originaire le jardinier; actuellement la capitale de l'État d'Orissa est Bhubaneshwar.

2. Bhodrok : ville d'Orissa.

3. Shoubornorekha (ligne d'or) : nom d'une rivière qui traverse l'Orissa.

CHAPITRE DIX-SEPTIÈME

Tandis qu'elle continuait à respirer, Gobindolal lui fit prendre un médicament pour la stimuler. Peu à peu, Rohini retrouva ses forces, ouvrit les yeux. Une légère brise fraîche venait de la fenêtre et circulait dans la pièce joliment décorée. D'un côté une lampe de cristal répandait une douce clarté, de l'autre brillait la lumière de la vie. Le nectar que Gobindolal lui avait donné de sa main et les paroles qu'il lui avait fait entendre l'avaient rendue à la vie. La respiration, puis la conscience, la vue, la mémoire, la parole apparurent, Rohini demanda :

— J'étais morte, qui m'a ressuscitée ?

— Peu importe qui t'a sauvée, répondit Gobindolal, il suffit que tu le sois.

— Pourquoi m'avez-vous sauvée ? Sommes-nous à tel point ennemis que vous vous opposiez même à ma mort ?

— Pourquoi veux-tu mourir ?

— N'ai-je même pas ce droit ?

— Personne n'a le droit de pécher. Le suicide est un grand péché.

— Je ne connais ni bien ni mal. Personne ne m'a enseigné cette science et je ne m'y soumets pas. Pour quelle faute suis-je ainsi punie ? Si telle est la peine lorsqu'on n'a pas péché, que peut-on subir de plus lorsqu'on a commis une faute ? Je mourrai. Cette fois tu m'as sauvée parce que je suis tombée sous tes yeux, la prochaine fois je m'arrangerai pour que tu ne me voies pas.

Gobindolal fut très ému :

— Mais pourquoi veux-tu mourir ?

— J'aime mieux mourir en une seule fois plutôt que de mourir toute la vie, à chaque seconde, à chaque minute, nuit et jour.

— Qu'est-ce qui te fait tant souffrir ?

— Une soif insatiable; nuit et jour mon cœur brûle. L'eau fraîche est devant moi, mais de ma vie je ne pourrai l'atteindre. Je n'ai aucun espoir.

— Ne parlons plus de tout cela, lui dit alors Gobindolal; viens, je vais t'emmener chez toi.

— Non, je veux y aller seule.

Gobindolal comprit la raison de son refus et, sans rien ajouter, la laissa partir seule.

Dès qu'il se trouva seul dans la pièce, Gobindolal se jeta sur le sol, se roula dans la poussière et se mit à pleurer. La face contre terre et les yeux inondés de larmes, il appela : « Ô Seigneur! Sauve-moi de ce danger! Si tu ne m'en donnes pas la force, comment pourrai-je m'en délivrer ? Je mourrai, Bhromor mourra aussi. Demeure en moi, ta force me fera triompher. »

CHAPITRE DIX-HUITIÈME

Quand Gobindolal rentra chez lui, Bhromor le questionna :

— Pourquoi aujourd'hui es-tu resté si tard dans le jardin ?

— Pourquoi me le demandes-tu ? Est-ce que je n'y reste jamais aussi longtemps ?

— Si, mais aujourd'hui ton air et ta voix m'indiquent qu'il s'est passé quelque chose.

— Que s'est-il passé ?

— Comment le saurais-je si tu ne me le dis pas ? Est-ce que j'y étais ?

— Mon visage ne te met pas sur la voie ?

— Cesse ta plaisanterie. Ton visage m'indique que l'affaire est grave. Dis-le-moi, je m'inquiète beaucoup.

Tout en parlant Bhromor commença à pleurer. Gobindolal essuya ses yeux, la caressa et lui dit :

— Je te le dirai une autre fois, pas aujourd'hui.

— Pourquoi pas aujourd'hui ?

— Tu es encore jeune, et tu ne dois pas écouter ce genre d'histoire.

— Est-ce que demain je serai vieille ?

— Même demain je ne te dirai rien. Je te raconterai dans deux ans. Pour l'instant ne me pose plus de questions.

Bhromor soupira :

— Eh bien, d'accord, tu me diras dans deux ans. J'avais

pourtant bien envie de savoir, mais si tu ne veux pas... Je ressens un malaise inexplicable.

Une tristesse profonde et indéfinie commença à obscurcir l'âme de Bhomra. Il arrive que dans un ciel de printemps infiniment pur et lumineux, dont rien ne ternit la beauté, s'élève brusquement un nuage qui l'assombrit de toutes parts : de même au fond du cœur de Bhomra s'étendit soudain un nuage noir. Et tandis qu'elle pleurait, elle pensait que ces larmes étaient injustifiées et que son mari aurait raison de lui reprocher sa méchanceté. Elle le quitta donc et, assise dans un coin, les jambes allongées, se mit à lire l'Onnodamongol[1]. Il est impossible de savoir ce qu'elle en lut, mais ce qu'il y a de sûr, c'est que le nuage sombre ne quitta pas son cœur.

1. Onnodamongol (Annadâmaṅgal) : long et célèbre poème bengali écrit en 1753 par Bharatchandra Ray (Bhâratcandra Rây), très populaire, surtout à l'époque, et qui a joué un grand rôle dans l'histoire de la littérature bengalie.

CHAPITRE DIX-NEUVIÈME

Gobindolal entreprit une conversation avec son oncle au sujet de leur domaine. Comme il lui demandait des détails sur la situation de chaque terre, Krishnokanto, heureux de voir Gobindolal s'intéresser à ces problèmes, lui dit :

— Si vous vous en occupiez un peu, ce serait beaucoup mieux. Pense combien il me reste de temps à vivre ! Si vous ne vous en souciez pas dès maintenant, le jour où je serais mort, vous ne comprendrez rien. Je suis devenu vieux, je ne peux plus aller nulle part et, faute de surveillance, toute la propriété est en mauvais état.

Gobindolal répondit :

— Si vous voulez m'envoyer, j'accepte, car je souhaite visiter de temps en temps nos terres.

Krishnokanto s'en réjouit :

— J'en suis ravi, justement il y a en ce moment des difficultés à Bondorkhali. L'intendant dit que les fermiers sont en grève et ne paient pas leur redevance; quant aux fermiers, ils prétendent qu'ils paient leur loyer, mais que l'intendant ne le transmet pas. Si tu le désires, je vais faire des préparatifs pour t'y envoyer.

Gobindolal, qui s'était rendu pour cela auprès de Krishnokanto, y consentit. Encore à la fleur de la jeunesse, il sentait ses passions se soulever comme les vagues de la mer et aspirait intensément à la beauté. Cette soif n'avait pas été étanchée par Bhromor. La beauté de Rohini s'était présentée devant les yeux de ce tchatok [1] comme une multitude de nuages d'orage, et le cœur de Gobindolal s'était mis à danser comme un paon [2] à la vue des premières nuées de la saison des pluies. Il en prit conscience et se jura à lui-même qu'il mourrait plutôt que d'être infidèle ou ingrat envers Bhromor. Aussi décida-t-il d'oublier Rohini en occupant son esprit aux affaires de la propriété et en voyageant. C'est d'ailleurs la raison pour laquelle il s'était rendu auprès de son oncle et avait accepté avec empressement d'aller à Bondorkhali.

Bhromor apprit que Gobindolal allait partir pour la campagne et insista pour l'accompagner. Elle se mit à pleurer, fit plusieurs démarches auprès de sa belle-mère, mais celle-ci ne consentit en aucune façon à la laisser partir. Lorsque le bateau fut équipé, Gobindolal, entouré de domestiques, embrassa Bhromor et s'embarqua pour un voyage de dix jours en direction de Bondorkhali.

Bhromor commença par se jeter à terre en sanglotant, puis se releva et déchira l'Onnodamongol, relâcha l'oiseau de la cage, jeta toutes les poupées dans l'eau, coupa toutes les plantes fleuries dans les pots, lança les plats sur la cuisinière, fit tournoyer une servante par sa tresse et la précipita au sol, se querella avec sa belle-sœur et enfin, après cette explosion de rage, se coucha et recommença à pleurer sous son drap.

Poussé par un vent favorable, le bateau avançait à travers les vagues de la rivière.

1. Tchatok (câtak) : oiseau dont le nom scientifique est *Coccystes jacobinus*, connu aussi au Bengale sous le nom de fotik-jol (phaṭik-jal) : ce mot est la notation du cri de l'oiseau et veut dire littéralement « eau cristalline ». L'oiseau est réputé faire entendre ce cri quand il s'envole vers de gros nuages d'orage et la légende le décrit comme toujours assoiffé, invoquant constamment le dieu des nuages pour qu'il lui donne des gouttes d'eau du ciel, car il se refuse à étancher sa soif avec l'eau de la terre. Si l'oiseau (sous ses noms de câtak et de phaṭik-jal) joue un rôle important dans la légende et dans la littérature, son identité réelle est moins certaine puisque d'autres orientalistes considèrent qu'il s'agit de l'*Aegithina tiphia*.

2. Le paon dansant de joie en faisant la roue à la vue des nuages est une image fréquente dans les littératures indiennes.

CHAPITRE VINGTIÈME

Bhromor s'ennuyait dans sa solitude. Elle enleva sa literie qu'elle trouvait trop molle, démonta le ventilateur au-dessus du lit sous prétexte qu'il envoyait un air trop chaud, interdit aux servantes d'apporter des fleurs, parce qu'elles étaient un nid de bêtes, s'arrêta de jouer aux cartes et s'en excusa auprès de ses amies, en prétendant que sa belle-mère se fâchait si elle y jouait. Aiguilles, fil, laine, patrons, elle distribua tout aux jeunes filles du quartier et si quelqu'un lui en demandait la cause, elle répondait que la couture lui faisait très mal aux yeux. Son vêtement était-il sale ? Elle blâmait le blanchisseur, même si sa chambre était pleine de vêtements propres. Son peigne ne touchait plus guère ses cheveux, qui se balançaient comme des brins de paille oulou [1]. Lui posait-on une question à ce sujet ? Elle se contentait de sourire et, ramassant tous ses cheveux de la main, les enfonçait dans son chignon. Enfin, chaque jour aux heures des repas, elle commença à se faire prier : « Je ne mangerai pas, j'ai de la fièvre. » Sa belle-mère fit donc venir un médecin pour l'examiner, se procura potion et pilules et chargea Khiroda de faire prendre ces médicaments à sa belle-fille. Mais celle-ci les arracha de la main de Khiri pour les jeter par la fenêtre.

Ces excès devinrent de plus en plus insupportables à sa servante, qui finit par lui dire :

1. Paille oulou : sorte de paille longue de la famille des Graminées *(Imperata cylindrica (Linn.) Beauv.)* qui sert à faire des toitures.

— Dis donc, belle-sœur [1], pour qui te tourmentes-tu ainsi ? Celui pour qui tu te prives de manger et de dormir, pense-t-il un seul instant à toi ? Tu t'épuises à pleurer et lui doit fumer son narguilé, les yeux clos, en songeant à Madame Rohini.

Bhromor, qui avait l'habitude de lever facilement la main, souffleta violemment Khiri. Puis, les larmes aux yeux, elle lui dit :

— Va-t'en, si tu dois raconter des bêtises.

— Crois-tu que tes gifles peuvent faire taire les gens et que nous garderons la bouche fermée par crainte de te mettre en colère ? Je ne peux pas ne pas te dire. Envoie chercher Pantchi Tchanralni et demande-lui si l'autre nuit, très tard, Rohini ne quittait pas le jardin de Monsieur ?

Khiroda avait été mal inspirée de parler ainsi ce matin-là, car Bhromor se dressa et fit pleuvoir sur elle une volée de gifles et de coups, la jeta à terre, la tira par les cheveux. Enfin, elle-même fondit en larmes.

Il arrivait à Khiri d'être frappée par Bhromor, et elle ne lui en voulait jamais ; mais aujourd'hui, Bhromor était allée plus loin et Khiri s'emporta. Elle lui lança :

— Mais, belle-sœur, à quoi bon nous frapper ! C'est pour ton bien que nous te disons cela. Nous ne pouvons pas supporter le bruit qui court au sujet de vous tous. Si tu ne me crois pas, envoie chercher Pantchi et demande-le-lui.

Bhromor finit par dire, au milieu de ses larmes de colère et de douleur :

— Si tu veux le lui demander, vas-y toi-même. Suis-je aussi mesquine et aussi vile que vous pour aller interroger Pantchi Tchanralni sur mon mari ? Comment oses-tu me le proposer ? Je vais en parler à ma belle-mère et te chasser à coups de balai. Éloigne-toi de ma vue.

C'est ainsi qu'après avoir reçu une bonne raclée, la servante Khiri, aussi appelée Khiroda, s'en alla en écumant de rage, tandis que Bhromor, regardant en l'air, les larmes aux yeux, les mains jointes, s'adressait à Gobindolal en elle-même : « Ô mon

1. Belle-sœur : bau ṭhâkrun, cf. p. 71, n. 1.

maître, toi qui m'as enseigné la religion que tu connais si bien, toi mon unique modèle de perfection, était-ce cela que tu m'avais caché l'autre jour! »

Bhromor chercha dans l'intimité de son âme, où personne ne peut atteindre et où il n'est pas de tricherie possible, et elle n'y trouva aucune méfiance à l'égard de son mari. Elle ne pouvait avoir de doutes. Une seule fois, pourtant, elle pensa : « Même s'il m'était infidèle, quelle peine cela me causerait-il? Tout va finir avec ma mort. » Car rien ne semble plus facile aux femmes hindoues que de mourir.

CHAPITRE VINGT ET UNIÈME

Khiri eut alors l'impression que la fin du monde, prévue dans la mythologie [1], était proche, puisque ce petit bout de femme de Bhromor ne la croyait plus. Dans son cœur simple, Khiroda ne nourrissait ni colère, ni animosité contre elle, elle lui voulait vraiment du bien et souhaitait que tout malheur s'écartât d'elle; mais elle ne pouvait supporter que Bhromor ne prêtât pas l'oreille à sa médisance. Alors, très vite, Khiroda frotta d'huile son corps bien lustré et solide comme un roc, mit sur l'épaule sa serviette colorée, la cruche sur sa hanche et se dirigea vers l'étang de Barouni pour se baigner.

Horomoni Thakourani, une des cuisinières de Krishnokanto, rentrait à ce moment-là après avoir pris son bain. Khiroda la vit la première et aussitôt elle se mit à se parler à elle-même à haute voix :

— Comme dit le vieil adage : la personne pour qui je vole m'appelle voleur. On ne peut plus travailler chez les gens riches : on ne sait jamais quelle est l'humeur de chacun suivant les heures.

1. La fin du monde était proche : le texte dit « kali kâl », appelé aussi « kali yuga ». Selon la mythologie hindoue, le monde a connu quatre périodes : satya, tretâ, dvâpara et kali. Kali yuga, le quatrième âge du monde, est celui où nous vivons. C'est une ère de péché et de déchéance. A la fin de cet âge le dieu Viṣṇu renaîtra en Kalki pour punir les méchants et rétablir le règne de la justice.

Horomoni, flairant la querelle, fit passer son vêtement mouillé du bras droit au bras gauche et lui demanda :

— Eh bien Khiroda, quoi de nouveau ?

Alors Khiroda se déchargea du fardeau de son cœur :

— Tu te rends compte, les femmes impudiques du quartier viennent se promener dans le jardin du maître et nous, les domestiques, nous n'avons pas le droit de le dire à notre maîtresse ?

— Comment donc ? Quelle femme est allée s'y promener ?

— Qui veux-tu que ce soit ? C'est évidemment cette impudente Rohini.

— Quelle honte ! Depuis combien de temps le fait-elle ? Dans le jardin de quel maître ?

Khiroda ayant nommé Gobindolal, toutes deux échangèrent des regards malicieux et des sourires entendus et elles s'en allèrent, chacune de son côté.

Un peu plus loin Khiroda rencontra la mère de Ram, qui habitait le quartier. Après l'avoir prise, elle aussi, au piège de son sourire, elle la retint pour lui parler de la perversité de Rohini, puis, à leur tour, elles échangèrent des regards et des sourires et poursuivirent leur route.

Ainsi tout au long du chemin, la mère de Ram, la mère de Shyam, Hari, Tari, Pari, toutes celles que Khiroda rencontrait écoutaient le récit de ses malheurs. Et enfin, le cœur léger, elle se plongea pour se baigner dans l'eau de l'étang de Barouni, transparente comme le cristal. De leur côté, Horomoni, la mère de Ram, la mère de Shyam, Hari, Tari, Pari, firent savoir de force à tous ceux qu'elles rencontrèrent que la misérable Rohini était allée se promener dans le jardin de Gobindolal. Un devant zéro fit dix, dix devant zéro fit cent, cent devant zéro fit mille. Le soleil lançait à peine ses premiers rayons quand Khiri commença à parler de Rohini; il n'était pas encore couché, que l'on proclamait dans toutes les maisons que Gobindolal brûlait pour Rohini. L'histoire du jardin suffit à faire naître celle de l'amour immodéré, l'amour immodéré entraîna des bijoux innombrables et ainsi de suite. Ah, vous êtes si habiles, femmes, à répandre et à créer des scandales ! Quant à moi, je ne suis qu'un homme, trop insignifiant et, en tant qu'écrivain, trop soucieux de vérité pour oser donner des détails qui risqueraient de dépasser la réalité.

Peu à peu, les nouvelles arrivèrent jusqu'à Bhromor. Binodini vint la première.

— Est-ce vrai ? demanda-t-elle.

L'air accablé, le cœur très lourd, Bhromor répondit :

— Qu'est-ce qui est vrai, belle-sœur [1] ?

Alors la belle-sœur fronça ses sourcils en les courbant comme l'arc de fleurs de Modone [2], lança un éclair du coin de l'œil, prit son enfant sur ses genoux et reprit :

— Je veux dire l'affaire de Rohini ?

Bhromor, ne trouvant rien à lui répondre, tira l'enfant et le fit pleurer par un de ces tours que connaissent les petites filles. Binodini alors s'en alla en donnant le sein à son enfant.

Après elle vint Shourodhouni :

— Tu te rappelles bien que je t'avais dit de le retenir par tes charmes. De toute manière tu n'as pas le teint clair et ce n'est pas par des mots que l'on peut conquérir le cœur d'un homme : il faut de la beauté et de la vertu. Mais comment savoir jusqu'où va la malice de Rohini ?

— Qu'entends-tu par là ? répliqua Bhromor.

Shourodhouni se frappa le front de la main et lui dit :

— Ciel ! Tout le monde est au courant sauf toi ? Ton mari a offert à Rohini des bijoux d'une valeur de sept mille roupies.

Blessée au plus profond d'elle-même, Bhromor souhaita secrètement que Yama [3] emportât Shourodhouni. Elle cassa une poupée en lui tordant la tête et dit à Shourodhouni :

— Je le sais. J'ai regardé le livre de comptes et il est inscrit à ton nom que l'on a dépensé des bijoux de la valeur de quatorze mille roupies.

Après Binodini et Shourodhouni, vinrent Rami, Bami, Shyami, Kamini, Romoni, Sharoda, Promoda, Shoukhoda, Boroda,

1. Belle-sœur : ṭhâkurjhi, cf. p. 78, n. 1.
2. Modone (Madana), dieu de l'amour dans la mythologie hindoue, porte un arc de fleurs.
3. Yama, cf. p. 86, n. 1.

Komola, Bimola, Shitola, Nirmola, Madhou, Nidhou, Bidhou, Tarini, Nistarini, Dinotarini, Bhobotarini, Shourobala, Guiribala, Brojobala, Shoïlobala et d'autres, une à une, deux à deux, trois à trois pour informer la jeune femme attristée par l'absence de son mari que celui-ci s'était épris de Rohini. Femme jeunes, d'âge mûr, vieilles, enfants encore, toutes lui dirent :

— Qu'y a-t-il de surprenant ? Qui ne se sent pas attiré par la beauté de Gobindolal ? Pourquoi n'aurait-il pas été séduit par le charme de Rohini ?

Et toutes, sur un ton doux ou aigre, en plaisantant ou en s'indignant, avec joie ou tristesse, sourire ou larmes, expliquèrent à Bhromor que sa vie était ruinée.

Bhromor passait pour la plus heureuse des femmes du village et éveillait la jalousie. Tant de bonheur pour une peau noire, une immense richesse, un mari comme les déesses elles-mêmes n'en ont pas, une réputation irréprochable sur la terre; c'était donner à une humble fleur [1] les égards que méritait un lotus, en lui ajoutant le parfum d'un jasmin [2]. Cela devenait insupportable pour les femmes du village. Aussi vinrent-elles en foule, par groupes, pour lui donner la nouvelle, les unes avec leurs enfants, les autres avec leurs sœurs, certaines coiffées, d'autres en se coiffant ou avec leurs cheveux défaits : « Bhromor, ton bonheur est terminé. » Personne ne songea que Bhromor était une toute jeune femme affligée, absolument innocente et souffrant de l'absence de son mari.

A bout de forces, elle ferma la porte, se coucha par terre, se roula dans la poussière et se mit à pleurer. Elle se dit en elle-même : « Ô toi libérateur de mes doutes ! Ô toi plus cher que ma vie ! Tu es à la fois celui que je soupçonne et celui en qui je remets ma confiance ! A qui vais-je m'adresser aujourd'hui ? Comment être sûre ? Mais tout le monde le dit. Si ce n'était pas vrai, pourquoi tout le monde en parlerait-il ? Tu n'es pas ici;

1. Humble fleur : exactement aparâjitâ (littéralement l'invaincue), nom d'une fleur de la famille des Légumineuses *(Clitoria ternatea Linn.)* qui, comme la violette en France, est au Bengale le symbole de la modestie.

2. Jasmin : plus précisément mollika, cf. p. 69, n. 3.

qui va me délivrer de mes craintes ? Puisque mon incertitude demeure, pourquoi ne pas mourir ? On ne peut pas vivre avec ce doute. Mais quand tu reviendras, toi le dieu de ma vie, ne me reproche pas d'être morte sans te l'avoir fait savoir. »

CHAPITRE VINGT-DEUXIÈME

Bhromor et Rohini se trouvaient maintenant dans une situation identique. Si le scandale se répandait, pourquoi ne parviendrait-il pas à l'oreille de Rohini ? Elle ne tarda pas en effet à apprendre que Gobindolal était son esclave et qu'il lui avait donné des bijoux d'une valeur de sept mille roupies. Elle ne savait pas d'où le bruit était parti et elle n'en avait pas cherché l'origine; mais la jalousie de Bhromor lui donna l'idée que ce devait être elle qui avait fait courir le bruit. De nouveau cette disgrâce après l'ignominie du vol ? Ulcérée que Bhromor l'ait mise dans une telle situation, elle décida de ne plus rester dans ce pays, mais de ne pas le quitter avant de s'être vengée de Bhromor.

Nous savons que, pour Rohini, rien n'était impossible. Elle emprunta donc à une voisine un sari de Bénarès [1] et un assortiment de bijoux dorés. La nuit tombée, elle en fit un baluchon, le prit avec elle et entra dans la partie intérieure de la maison des Ray. Elle vint s'asseoir, en posant son baluchon à côté d'elle, dans la pièce où Bhromor seule, couchée par terre, pleurait ou s'essuyait les yeux et rêvait en regardant les solives. Bhromor fut stupéfaite de la voir là, et tout son corps commença à brûler comme sous l'effet du poison. Hors d'elle, elle lui dit :

1. Sari de Bénarès : les saris (p. 41, n. 2) de soie de Bénarès (p. 134, n. 1) sont renommés dans toute l'Inde et recherchés comme vêtements de cérémonie.

— L'autre nuit, tu t'es rendue pour voler dans la chambre de mon beau-père. Est-ce avec la même intention que tu es venue dans ma chambre ?

Rohini pensa qu'elle n'était venue que pour couper la tête de sa rivale. Elle répondit :

— Maintenant, je n'ai plus besoin de voler, car j'ai suffisamment d'argent. Grâce à ton mari, j'ai de quoi vivre, même si je n'ai pas autant que ce que disent les gens.

— Va-t'en d'ici.

Rohini fit la sourde oreille et continua :

— Oui, tout le monde exagère. On dit que j'ai reçu des bijoux d'une valeur de sept mille roupies. En réalité, il s'agit seulement de bijoux d'une valeur de trois mille roupies et de ce sari. C'est pour te les montrer que je suis venue ici. Mais pourquoi les gens disent-ils que cela représente sept mille roupies ?

Sur ces mots, Rohini ouvrit le baluchon et montra à Bhromor le sari de Bénarès et les bijoux dorés. D'un coup de pied, Bhromor les envoya à travers la pièce.

— Il ne faut pas mettre le pied sur l'or, fit remarquer Rohini.

Et là-dessus elle ramassa en silence un à un les bijoux dorés et refit le baluchon. Celui-ci terminé, elle sortit sans bruit.

Il est bien regrettable que Bhromor, qui avait administré une volée de coups à Khiri, n'ait même pas levé le poing contre Rohini. Et nous ne doutons pas que si nos lectrices étaient là, elles frapperaient Rohini de leurs propres mains. Je reconnais qu'on ne doit pas battre une femme, mais à condition qu'elle ne soit ni infernale, ni démoniaque. Pourtant je crois comprendre pourquoi Bhromor n'avait pas frappé Rohini : si elle avait donné des coups à Khiroda, c'était parce qu'elle l'aimait; elle n'avait pas frappé Rohini parce qu'elle ne l'aimait pas. N'est-ce pas en effet toujours son propre enfant que bat une mère lorsque deux enfants se querellent, et non pas l'enfant d'autrui ?

CHAPITRE VINGT-TROISIÈME

Bhromor se mit cette nuit-là à écrire une lettre à son mari. Gobindolal lui avait appris à lire et à écrire, mais les résultats n'étaient pas très satisfaisants, car elle s'intéressait plus aux fleurs, aux poupées, aux oiseaux, à son mari qu'aux études ou au ménage. Et, lorsqu'elle commençait à écrire, elle effaçait, barrait, changeait de papier, puis recommençait à effacer, à barrer. Ensuite, elle remettait la lettre au lendemain et normalement il lui fallait au moins deux ou trois jours pour la terminer. Mais aujourd'hui, rien ne se passa de la sorte. Elle accepta tout ce qui venait au bout de sa plume, *m* pour *n*, *j* pour *g*, *o* pour *a*, sans se soucier plus des fautes d'orthographe ou des omissions que des lettres déformées. Si bien qu'en une heure, elle avait terminé une longue lettre à son mari, pleine de ratures, dont voici un échantillon : « Ta dévouée Bhomra » (elle barra Bhomra et mit Bhromra) « ta servante » (elle avait d'abord écrit « çervent », puis « servent », mais elle n'arriva pas à servante) « te salue » (« te » avait pris une première fois la forme « le ») « pleine d'un respect » (d'abord « respé » puis « respet ») « tout particulié » (« particulier » ne vint pas).

Ainsi commençait cette lettre qui se voulait dans un style trationnel. Elle écrivait ensuite (je donne le texte lettres et langage corrigés) :

« Tu ne m'as pas dit nettement pourquoi l'autre nuit tu étais resté si tard dans le jardin. Tu devais m'en informer dans deux ans, mais le malheur a voulu que j'en entende parler plus tôt. Que dis-je : entendre ? j'ai vu. Rohini en personne est venue me montrer le sari et les bijoux que tu lui as donnés.

« Tu crois peut-être que mon attachement pour toi est infini, ma confiance inébranlable. Je le croyais aussi. Mais maintenant je sais qu'il n'en est pas ainsi. Je me suis donnée à toi tant que tu le méritais ; j'avais confiance en toi tant que tu m'étais fidèle. Désormais, tu n'auras plus ni mon dévouement, ni ma confiance et te voir ne me rendra plus heureuse. Je te prie de bien vouloir m'écrire lors de ton retour à la maison ; je ferai tout mon possible pour aller chez mon père. »

La lettre parvint à Gobindolal à temps. Ce fut pour lui un coup de tonnerre. Malgré l'écriture et les ratures qui le portaient à croire que la lettre avait été écrite par Bhromor, il eut tout de même des doutes à plusieurs reprises — comment Bhromor pouvait-elle lui avoir écrit une telle lettre ?

Le même courrier lui avait apporté quelques autres lettres, mais Gobindolal avait d'abord ouvert celle de Bhromor. Frappé de stupeur, il resta un long moment immobile, puis il se mit à lire le reste du courrier d'un air distrait. L'une de ces lettres était de Brohmanondo Ghosh, l'amateur de poésie :

« Mon ami, lui écrivait-il, les rois se battent et c'est la paille oulou qui en souffre [1]. Ta femme peut te jouer mille tours, mais pourquoi nous jouer celui-ci à nous, pauvres créatures ? Elle a fait courir le bruit que tu as donné à Rohini des bijoux d'une valeur de sept mille roupies, et je n'ose pas t'écrire les histoires ignobles que l'on raconte. Quoi qu'il en soit, j'espère que tu vas tout remettre en ordre. Sinon, je partirai d'ici. »
Gobindolal fut stupéfait de nouveau : Bhromor a fait courir le bruit ? Sans pouvoir rien comprendre à tout cela, il fit savoir le jour même que le climat de cette région ne lui convenait pas et qu'il rentrerait le lendemain chez lui. Il ordonna d'apprêter le bateau, et le lendemain il s'embarqua la mort dans l'âme.

1. Paille oulou (ulu khaṛ) : cf. p. 102, n. 1. L'expression employée ici est proverbiale et indique les souffrances que subissent les humbles à cause des guerres entre les rois.

CHAPITRE VINGT-QUATRIÈME

Celui que tu aimes, ne l'éloigne pas de tes yeux. Si tu veux resserrer les liens d'amour, tire sur le fil et garde toujours près de toi celui que tu chéris, car l'absence n'engendre que des fruits vénéneux. Au moment de la séparation, on pleure à chaudes larmes, on pense que l'on ne pourra sans doute pas vivre sans l'être aimé; puis les années passent, et, quand on se rencontre de nouveau, on se demande simplement : « Tu vas bien ? » Et encore ! Il arrive même que l'on ne dise rien. C'est que la véritable séparation s'est produite. Colère ? Orgueil ? On ne s'est plus rejoint. Et même si l'on ne va pas si loin, il est rare que l'on retrouve le passé lorsque l'on s'est quitté. Ce qui s'en va ne revient jamais, ce qui se brise ne se reforme plus. Où a-t-on vu les rivières se mêler de nouveau après s'être une fois séparées ?

Bhromor avait eu tort de laisser partir Gobindolal hors du pays car, s'ils ne s'étaient pas séparés, ce malentendu n'aurait peut-être pas eu lieu. Une dispute verbale aurait permis à la vérité de se faire jour et Bhromor ne se serait pas méprise à ce point-là, ne se serait pas fâchée si violemment et sa colère n'aurait pas entraîné cette catastrophe.

Après le départ de Gobindolal, l'intendant envoya un mot à Krishnokanto pour l'informer qu'il s'était mis en route le matin même pour rentrer. Cette lettre arriva par la poste et, comme le courrier va plus vite que le bateau, la lettre de l'intendant parvint à Krishnokanto quatre ou cinq jours avant que Gobindolal fût de retour à la maison. Dès que Bhromor apprit que son mari revenait, elle se mit à écrire une autre lettre. Après avoir barbouillé d'encre et déchiré quatre ou cinq feuilles de papier, elle réussit à en rédiger une en deux ou trois heures. C'était une lettre adressée à sa mère, où elle disait :

« Je suis très malade. Si vous pouvez venir me chercher, je reviendrai une fois rétablie. Ne tardez pas, si mon état s'aggrave, je ne guérirai plus. Envoyez quelqu'un dès demain, si possible. Mais ne parlez pas ici de maladie. » La lettre ainsi rédigée fut envoyée chez son père par une personne à qui Khiri avait secrètement confié ce soin.

Toute autre personne aurait flairé la supercherie en lisant cette lettre. Mais sa mère fut consternée d'apprendre que son enfant était malade et elle se répandit en injures à l'égard de la belle-mère de Bhromor, et un peu de son mari. Après avoir beaucoup pleuré, elle décida que le lendemain, accompagnés de porteurs et d'un palanquin, un serviteur et une servante iraient chercher Bhromor. Et son mari écrivit à Krishnokanto une lettre, dans laquelle il évita habilement de mentionner la maladie de Bhromor :

« La mère de Bhromor est gravement malade, dit-il. Je vous prie d'envoyer Bhromor pour la voir. » Les domestiques devaient confirmer cette explication.

Krishnokanto se trouva dans un grand embarras. D'une part, Gobindolal arrivait, et il serait inopportun d'envoyer Bhromor chez son père à ce moment-là. D'autre part, sa mère était souffrante, et il serait également inconvenant de ne pas l'envoyer. Après avoir beaucoup réfléchi, il laissa partir Bhromor à condition qu'elle revînt dans quatre jours.

Gobindolal arriva le quatrième jour et il apprit que Bhromor, partie chez son père, devait revenir en palanquin ce jour-là. Il comprit tout et en fut extrêmement blessé : « Une telle méfiance ! se dit-il. Elle a voulu me quitter sans savoir, sans poser de questions. Jamais je ne reverrai ce visage. N'est-il pas possible de vivre sans Bhromor ? » Gobindolal interdit donc à sa mère d'envoyer les serviteurs pour aller chercher Bhromor et cela sans en donner la raison. Aussitôt Krishnokanto cessa les préparatifs pour son retour.

CHAPITRE VINGT-CINQUIÈME

Ainsi s'écoulèrent deux ou trois jours, sans que personne allât chercher Bhromor, ni que celle-ci revînt. Gobindolal estima que Bhromor dépassait les limites et décida de la faire pleurer un peu. Parfois, à la vue de leur chambre vide, il lui arrivait de pleurer et le souvenir de la méfiance de Bhromor lui donna un moment les larmes aux yeux. Mais il les essuya vite pour laisser place à la colère et tâcher d'oublier Bhromor. Mais comment l'oublier ? Le bonheur s'enfuit; les souvenirs demeurent. La plaie se referme, la cicatrice ne disparaît pas. L'homme passe, son nom reste.

Enfin, l'insensé Gobindolal crut que le meilleur moyen d'oublier Bhromor était de penser à Rohini. Pas un seul jour l'éclat de sa beauté sublime ne l'avait quitté. Malgré ses efforts pour ne pas la laisser envahir son cœur, elle ne le lâchait pas.

On raconte dans les romans des histoires de revenants qui saccagent une maison, regardent à la dérobée, puis sont chassés par le sorcier. C'est ainsi que le démon Rohini épiait discrètement nuit et jour dans le temple du cœur de Gobindolal, d'où il la chassait. Mais comme dans le fond des eaux reposent les reflets de la lune et du soleil, et non la lune ni le soleil eux-mêmes, ainsi c'était seulement l'image de Rohini qui s'étalait dans le cœur de Gobindolal. Gobindolal décida de penser à Rohini afin d'oublier momentanément Bhromor et de se dégager de ce grand chagrin. Comme de nombreux charlatans qui, pour guérir une légère maladie, administrent un poison violent, Gobindolal eut finalement recours à un remède qui devait, par sa faute, entraîner son malheur.

Au début Rohini n'était pour lui qu'un souvenir, puis elle devint un sujet de tristesse, et la tristesse enfin se transforma en un désir qui s'empara un jour de Godindolal, alors qu'il était assis dans le pavillon, au bord de l'étang de Barouni, au milieu des arbres en fleurs. On était à la saison des pluies et, du ciel couvert, chargé de menaces, tombaient tantôt quelques gouttes, tantôt une pluie torrentielle, sans que jamais il cessât complètement de pleuvoir. Le crépuscule touchait à sa fin et l'obscurité de la nuit toute proche, ajoutée à celle que créaient les nuages, empêchait de distinguer clairement les marches de l'étang de Barouni. Gobindolal aperçut vaguement une femme qui les descendait et il songea à Rohini. La pluie avait rendu les marches glissantes : il s'inquiéta à l'idée que ses pieds pourraient glisser et qu'elle pourrait tomber à l'eau et lui lança du pavillon :

— Qui es-tu ? Ne descends pas les marches aujourd'hui, elles sont très glissantes, tu vas tomber.

La femme avait-elle bien compris ses paroles ? Il pleuvait et le bruit de la pluie avait dû les rendre indistinctes. Elle posa la cruche de sa hanche sur les marches, remonta, et lentement se dirigea vers le jardin de fleurs. Elle ouvrit la porte du jardin, entra, s'approcha de Gobindolal et se tint debout en face du pavillon. Gobindolal reconnut Rohini.

— Pourquoi es-tu ici, à te faire mouiller, Rohini ? lui demanda-t-il.

— M'avez-vous appelée ?

— Je ne t'ai pas appelée. Les marches sont très glissantes, je te disais de ne pas descendre. Pourquoi restes-tu debout sous la pluie ?

Encouragée, elle entra dans le pavillon :

— Que dira-t-on, si on nous voit ? dit Gobindolal.

— On dit déjà tout ce qu'on peut dire. Je voudrais vraiment vous en parler.

— J'ai aussi des choses à te demander à ce sujet. Qui a fait courir ce bruit ? Pourquoi faites-vous tous retomber la faute sur Bhromor ?

— Je vais tout vous expliquer. Mais dois-je rester ici debout ?

— Non. Viens avec moi.

Sur ces mots, Gobindolal emmena Rohini dans le salon du jardin. Mais je ne rapporterai pas la conversation qu'ils eurent ensemble. Il suffit de savoir que cette nuit-là, Rohini, avant de rentrer, avait compris que Gobindolal était ensorcelé par sa beauté.

CHAPITRE VINGT-SIXIÈME

Qui n'est pas ensorcelé par la beauté d'une créature ? Je le suis par celle de ce papillon bigarré, vert et bleu, un autre par la beauté de cette branche de kamini [1] en fleur. Quel mal y a-t-il à cela ? La beauté n'a-t-elle pas été créée pour nous charmer ?

Ainsi pensent les hommes vertueux en mettant le pied sur la première marche du péché; ainsi pensa Gobindolal. Mais, comme dans le monde extérieur sous l'effet de la gravitation, la vitesse de la chute s'accélère dans notre monde intérieur, lorsque le péché nous attire avec plus de force. La déchéance de Gobindolal fut d'autant plus rapide que depuis longtemps la soif de la beauté avait desséché son cœur. Nous ne pouvons que le déplorer : nous ne saurions décrire sa chute.

Sans tarder, les noms accolés de Rohini et de Gobindolal parvinrent à l'oreille de Krishnokanto. Lui qui souffrait beaucoup de la moindre tache faite à la réputation de Gobindolal, il en fut très peiné et eut envie de lui faire des remontrances. Mais, souffrant depuis quelque temps, il était obligé de garder la chambre. Gobindolal venait le voir tous les jours, mais il était toujours entouré de ses gens et ne pouvait rien lui dire en présence de tout ce monde. Comme le mal s'aggravait, Krishnokanto eut soudain l'impression que Tchittrogoupto [2] allait

1. Kamini : voir p. 69, n. 1.

2. Tchittrogoupto (Cittragupta), secrétaire de Yama, roi de la mort, qui dans la mythologie populaire fait les comptes des péchés et des

régler ses comptes avec lui avant peu, que la rivière de sa vie était peut-être sur le point de se perdre dans la mer de l'éternité. S'il tardait encore, il n'aurait peut-être plus la possibilité de lui dire ce qu'il pensait. Un soir où Gobindolal était revenu très tard du jardin, Krishnokanto se décida à lui dire ce qu'il avait sur le cœur. Comme Gobindolal entrait, Krishnokanto demanda à son entourage de se retirer. Alors Gobindolal, un peu gêné, lui demanda :

— Comment allez-vous aujourd'hui ?

— Je ne me sens pas très bien, répondit Krishnokanto d'une voix faible. Pourquoi viens-tu si tard ce soir ?

Sans répondre, Gobindolal prit son poignet dans la main et commença à lui tâter le pouls. Tout d'un coup il pâlit : le cours de la vie de Krishnokanto s'écoulait à un rythme très lent. « Je reviens », dit-il simplement et, sitôt sorti de la chambre de Krishnokanto, il se précipita tout droit chez le médecin [1]. Celui-ci s'étonna. « Monsieur, venez vite avec les médicaments, demanda Gobindolal, mon oncle est très mal. » Le médecin prit à la hâte tout un tas de pilules et se mit à courir avec lui. Lorsque Gobindolal se présenta accompagné du médecin dans la chambre de Krishnokanto, celui-ci fut un peu effrayé. Le médecin lui tâta le pouls.

— Y a-t-il du danger ? demanda Krishnokanto.

— A quel moment le corps humain est-il à l'abri du danger ? répondit le médecin.

Krishnokanto comprit et redemanda :

— Il me reste encore combien de jours ?

— Je pourrai le dire lorsque vous aurez pris ce médicament.

Le médecin le prépara dans un mortier et se présenta devant Krishnokanto pour le lui faire prendre. Krishnokanto prit le mortier dans sa main, le porta à son front [2], puis versa tout le médicament dans un crachoir.

bonnes actions des hommes. Yama juge les trépassés d'après leurs actions sur la terre.

1. Médecin : le texte dit « vaidya », médecin pratiquant la médecine ayourvédique et appelé aussi kobiraj (kavirâja).

2. En signe de respect pour Dhanvantari, médecin des dieux.

Le médecin fut désarmé. Krishnokanto s'en aperçut et lui dit :

— Ne soyez pas triste. A mon âge, il n'est pas nécessaire de prolonger ma vie avec un médicament. Le nom de Dieu me fera plus de bien que ce remède. Répétez le nom de Dieu que je l'entende.

Personne d'autre que lui ne put le prononcer, mais tous étaient ahuris, stupéfaits, apeurés. Seul Krishnokanto ne redoutait rien.

— Sous mon chevet, dit-il à Gobindolal, se trouve la clef du tiroir, sors-la.

Gobindolal prit la clef sous l'oreiller.

— Ouvre le tiroir et prends mon testament.

Gobindolal ouvrit le tiroir et en sortit le testament.

— Envoie chercher mes employés, mes commis et dix personnalités du village, ajouta Krishnokanto.

Aussitôt la chambre se remplit des intendants, des secrétaires, des contremaîtres, des Chottopadhyaya, Moukhopadhyaya, Bondyopadhyaya, Bhottatcharya, Ghosh, Boshou, Mittro, Dotto.

Krishnokanto ordonna à un secrétaire :

— Lis mon testament.

Lorsque la lecture fut terminée, Krishnokanto poursuivit :

— Il faut déchirer ce testament. Écris-en un nouveau.

— Que faut-il écrire ? demanda le secrétaire.

— Laisse tout pareil, seulement...

— Seulement quoi ?

— Seulement barre le nom de Gobindolal, et mets à sa place le nom de la belle-fille de mon frère, Bhromor. Note aussi que au cas où Bhromor mourrait, Gobindolal recevrait cette part.

Tout le monde se tut. Personne ne souffla mot. Le secrétaire regarda Gobindolal, qui lui fit signe d'écrire.

Il rédigea le testament, puis Krishnokanto signa, ainsi que les témoins. Gobindolal prit le testament et signa sans qu'on lui eût rien demandé.

Il n'héritait pas d'un centime, Bhromor héritait de la moitié de la fortune.

Cette nuit-là, tout en répétant le nom de Dieu, Krishnokanto rendit le dernier soupir au pied du Toulshi, la plante sacrée [1].

1. Toulshi (tulsî) : nom indien du basilic (*Ocymum sanctum*, famille des Labiacées), considéré comme sacré par les hindous parce que cher au dieu Viṣṇu, et souvent cultivé pour cette raison.

CHAPITRE VINGT-SEPTIÈME

Le peuple regretta beaucoup la mort de Krishnokanto. Les uns comparèrent sa mort à la chute d'Indra [1], les autres à celle de Dikpal [2], d'autres à l'écroulement du sommet d'une montagne. Krishnokanto était riche, mais honnête, et il donnait généreusement aux pauvres, aux brahmanes et aux pondits [3]. Aussi, nombreux furent ceux qui pleurèrent sa mort.

Mais Bhromor en fut la plus affligée. Il avait bien fallu maintenant la faire venir et, le lendemain de la mort de Krishnokanto, la mère de Gobindolal avait pris l'initiative d'envoyer chercher sa belle-fille. A peine rentrée, elle pleura Krishnokanto.

Il est difficile de dire si Gobindolal et Bhromor se seraient violemment disputés au sujet de Rohini lors de leur première rencontre, si les circonstances avaient été différentes. Ce jour-là, tout fut submergé par le chagrin de leur deuil et, quand ils se retrouvèrent, Bhromor pleurait le frère aîné de son beau-père. Et ses pleurs redoublèrent à la vue de Gobindolal, qui pleura à son tour.

Ainsi, la scène redoutée était écartée à la faveur de leur tristesse commune. Ils en eurent conscience l'un et l'autre et pensèrent que, puisqu'ils ne s'étaient rien dit à la première ren-

1. Indra : roi des dieux dans la mythologie hindoue.
2. Dikpal (Dikpâla), l'un des dix dieux qui dans la mythologie hindoue gardent les dix points cardinaux de l'univers.
3. Pondit : cf. p. 33, n. 1.

contre, ce n'était plus la peine d'entamer une querelle, puisque l'heure ne convenait pas pour se disputer, on verrait plus tard, lorsque les rites funèbres auraient été accomplis dans le calme et la dignité. Ayant ainsi réfléchi, Gobindolal saisit un moment favorable pour dire à Bhromor :

— Bhromor, j'ai deux mots à te dire qui briseront mon cœur. Je suis accablé d'une douleur plus vive que celle de la mort de mon père et je ne puis te les dire maintenant; je te parlerai après la cérémonie funèbre. D'ici là, on ferait mieux de ne plus parler de ce sujet.

Bhromor, contenant à grand-peine ses larmes, se rappela les divinités Kali [1], Dourga [1], Shiva [2], Hori [3], qu'elle avait connues dès son enfance, et dit :

— J'ai aussi quelque chose à te dire. Tu me le demanderas quand tu auras du temps de libre.

L'entretien s'arrêta là et les journées commencèrent à s'écouler au même rythme qu'auparavant. Ni domestiques, ni maîtresse de maison, ni voisines, ni parents, ni amis, ne purent s'imaginer qu'un nuage s'était élevé dans le ciel, qu'un ver était entré dans la fleur, que cette belle image d'amour était attaquée par des mites. Mais telle était bien la réalité. Tout avait changé. Le rire d'autrefois avait disparu. Bhromor riait, Gobindolal riait, ils riaient encore, mais ce n'était plus le même rire. A peine leurs yeux s'étaient-ils rencontrés que le sourire, qui jaillissait spontanément, s'était évanoui. Fini ce sourire qui était mi-sourire, mi-amour; ce sourire qui disait que la vie du foyer débordait de bonheur et que le désir du bonheur restait inassouvi. Fini ce regard qui faisait penser à Bhromor : « Que de beauté! »; ce regard qui faisait dire à Gobindolal : « Que de qualités! »; et ce regard de Gobindolal, immobile, ivre, plein de tendresse, qui inquiétait agréablement Bhromor : « Pourrai-je jamais arriver à la nage sur l'autre rive de cette mer pendant ma vie? »; et ce regard qui faisait oublier à Gobindolal tout le reste du monde, c'en était fini, ils ne reviendraient plus. Finis aussi les termes

1. Kâli, Dourga (Durgâ) : cf. Préface, p. 10, n. 1 et 2 et p. 77, n. 2.
2. Shiva (Çiva) : cf. p. 45, n. 2.
3. Hori (Hari), un des noms du dieu Viṣṇu incarné en Kṛṣṇa.

d'affection : « Bhromor », « Bhomra », « Bhomor », « Bhomme », « Bhoumri », « Bhoumi », « Bhoumme », « Bhon Bhon » — ces termes toujours neufs, toujours pleins de douceur, de drôlerie, de gaieté. Et tous ces mots de tendresse qu'inventait Gobindolal pour caresser et taquiner Bhromor à cause de sa peau noire, « ma petite noire », « mon trésor noir », « ma pierre noire », « ma lune noire » étaient tombés dans l'oubli. Plus de noms familiers que l'on se renvoie, plus d'appels sans motif, de débats sans cause. Auparavant, les mots se succédaient sans fin, maintenant on les cherchait. Leur langage, qui était fait de paroles, de regards, de baisers, s'était tu. C'en était fini de ces questions qui ne demandaient pour réponse que le son de la voix. Autrefois, lorsque Gobindolal et Bhromor étaient ensemble, et que l'on appelait Gobindolal, on avait du mal à le trouver; si l'on appelait Bhromor, on ne la trouvait point du tout. Maintenant, plus besoin de les appeler; le moindre prétexte : « comme il fait chaud » ou « qui a appelé ? » suffisait à faire lever l'un ou l'autre. La pleine lune resplendissante était couverte de nuages, la lune d'automne était éclipsée. Qui avait mêlé du zinc à l'or pur ? Qui avait coupé la corde de l'instrument accordé ?

Naguère illuminé par les rayons éclatants du soleil de midi, leur cœur était maintenant noyé dans l'obscurité. Pour éclairer cette nuit, Gobindolal pensait à Rohini, et Bhromor, pour éclairer cette obscurité dense, épaisse, pensait à Yama [1]! Ô mort, abri de celui qui est sans abri, secours de celui qui est sans secours, amour de celui qui est sans amour! Toi qui consoles, soulages, chasses les maux, délivres des dangers, redonnes la joie aux pauvres! Ô mort, espoir des désespérés, amour des délaissés, ô mort, viens prendre Bhromor!

1. Yama, cf. p. 86, n. 1.

CHAPITRE VINGT-HUITIÈME

La cérémonie funèbre de Krishnokanto Ray fut célébrée avec beaucoup de faste. Ses ennemis prétendirent que toute cette pompe avait dû coûter au moins cinq mille, sept mille ou dix mille roupies, et ses amis parlèrent de cent mille roupies. Mais les héritiers de Krishnokanto firent savoir en secret à ses amis qu'on avait dépensé approximativement cinquante mille roupies. D'après le livre de comptes, les frais s'élevaient à trente-deux mille trois cent cinquante-six roupies, cinq annas et deux poësha et demi.

Quoi qu'il en soit, l'agitation dura pendant plusieurs jours. Horolal, en tant que fils aîné, devait accomplir les rites funèbres et il était venu pour cela. Pendant quelque temps, on n'entendit dans le village que le bourdonnement des mouches, les bruits métalliques de la vaisselle, le brouhaha des mendiants, les débats des logiciens [1]. Sans interruption arrivaient des shondeshs [2] et des sucreries, des mendiants venus de toutes parts, une foule de brahmanes avec leur tiki [3] et leur namaboli [4], des parents sans

1. Mendiants et logiciens : en plus des parents, amis et voisins, la coutume orthodoxe veut que l'on invite des mendiants, des brâhmanes et des savants (paṇḍits) à la cérémonie funèbre hindoue.

2. Shondesh : cf. p. 39, n. 3.

3. Ṭiki : touffe de cheveux ressemblant souvent à une aigrette que les hindous orthodoxes, en particulier les brâhmanes, portent au sommet du crâne, comme symbole de sagesse, le reste de la tête portant des cheveux plus courts.

4. Namaboli (nâmâvalî) : écharpe ou étoffe sur laquelle sont imprimés des noms de divinités et qu'on porte comme un vêtement de piété.

fin, parents des parents, parents des parents des parents, et parents des parents des parents des parents. Les enfants se mirent à jouer avec les mihidanas [1] et les shitabhogues [1] en guise de ballons; les femmes, trouvant l'huile de coco trop chère, commencèrent à oindre leur cheveux du ghi [2] dans lequel on avait fait frire les loutchis [2]. Les débits d'opium se fermèrent, car tous les consommateurs s'étaient rendus aux festins, et les débits de vin n'eurent plus de clients, car tous les ivrognes s'étaient déguisés en brahmanes pour venir recevoir les cadeaux qu'on donne en pareille occasion. Le riz augmenta de prix vu la quantité que l'on faisait cuire aux banquets et aussi parce que l'on utilisait tellement de farine que les épiciers la remplaçaient par du riz moulu, qui lui-même ne suffisait plus. On consommait tant de ghi que les épiciers le mélangeaient avec de l'huile de ricin, au détriment des malades, et si on allait acheter du petit-lait chez les laitiers, ils disaient que la bénédiction des brahmanes l'avait transformé en lait caillé.

Enfin, lorsque le tumulte de la cérémonie funèbre s'apaisa, on commença à s'agiter au sujet du testament. Horolal, qui l'avait lu et avait compris que le nombre des signatures empêchait toute contestation, s'en alla d'où il était venu dès la fin de la cérémonie funèbre.

Quant à Gobindolal, lorsqu'il eut terminé la lecture du testament, il vint demander à Bhromor :

— Connais-tu la teneur du testament ?

— A savoir ?

— La moitié de l'héritage te revient.

— A moi ou à toi ?

— Maintenant il y a une différence entre toi et moi. A toi, pas à moi.

— Si c'est à moi, c'est à toi.

— Pourquoi jouirais-je de ce qui t'appartient ?

Bhromor eut envie de fondre en larmes, mais elle se retint de pleurer par orgueil et lança :

1. Mihidana, shitabhogue : sucreries, cf. p. 39, n. 3 et 4.
2. Loutchi, ghi : cf. p. 39, n. 2.

— Alors que vas-tu faire ?

— Je vais chercher le moyen de gagner ma vie.

— Comment ?

— Je voyagerai de pays en pays pour trouver un emploi.

— L'héritage provient de mon beau-père et non de son frère aîné. C'est toi qui es l'héritier légitime, pas moi. Ton oncle n'avait aucun pouvoir de faire le testament. Celui-ci n'est pas valide. Lors de la cérémonie funèbre, mon père, qui avait été invité, me l'avait expliqué. L'héritage est à toi, pas à moi.

— Mon oncle n'a pas menti. L'héritage n'est pas à moi mais à toi, du moment qu'il te l'a légué par écrit.

— Si tu doutes qu'il soit à toi, je vais te le donner par écrit.

— Dois-je vivre de ta charité ?

— Qu'y a-t-il de mal à cela ? Je ne suis que ta misérable esclave.

— Aujourd'hui, il te sied mal de parler ainsi, Bhromor.

— Qu'ai-je donc fait ? De ce monde, je ne connais que toi. Je me suis mariée à l'âge de huit ans, j'ai maintenant dix-sept ans. Pendant ces neuf ans, je ne me suis intéressée qu'à toi, c'est toi qui m'as élevée, je ne suis que ton jouet. Où est ma faute ?

— Essaie de te le rappeler.

— Je suis allée chez mon père à un moment où il ne fallait pas, je reconnais que j'ai eu tort. J'ai commis des milliers de fautes et je t'en demande pardon. Mais je ne connais que toi au monde et seul l'amour a provoqué mon indignation.

Gobindolal se tut. Devant lui, à ses pieds, sa jeune femme de dix-sept ans était étendue sur le sol, échevelée, inondée de larmes, paralysée, angoissée, stupéfaite.

Sans proférer une parole il se disait à lui-même : « Que celle-ci est noire ! Que Rohini est belle ! L'une possède la vertu, l'autre la beauté. Si j'ai jusqu'ici adoré la vertu, je vais maintenant me mettre au service de la beauté pour quelque temps. Je passerai comme il me plaira une vie sans valeur, sans espoir, sans but et je casserai le pot de terre le jour où j'en aurai envie. »

Bhromor serrait ses pieds et pleurait :

— Pardonne-moi ! Je ne suis qu'une enfant.

Ses supplications auraient certainement été exaucées par

Celui qui dispense le bonheur et le malheur éternels, par Celui qui sait tout et protège ceux qui souffrent, mais elles ne le furent point par Gobindolal qui n'y prêta pas même attention. Il pensait à Rohini. Il la voyait dans tout l'éclat de sa beauté resplendissante semblable à Vénus, l'étoile du matin, telle une rivière vivement agitée de remous scintillants.

Quêtant en vain une réponse, Bhromor demanda :

— Que dis-tu ?

— Je vais t'abandonner, répondit Gobindolal.

Bhromor lâcha ses pieds et se leva. Au moment de sortir elle trébucha sur le seuil et tomba évanouie.

CHAPITRE VINGT-NEUVIÈME

« Qu'ai-je fait pour que tu m'abandonnes ? »

Bhromor n'était pas parvenue à poser cette question à Gobindolal, mais, après cet incident, elle ne cessait de s'interroger : « Quelle faute ai-je pu commettre ? »

Gobindolal aussi se le demandait de son côté. Il était à peu près convaincu que Bhromor avait commis une grave faute. Mais il n'arrivait pas à déterminer laquelle. S'il avait réfléchi, il aurait trouvé que la faute de Bhromor avait consisté dans son manque de confiance envers lui, puisqu'elle ne lui avait même pas demandé d'explications, en le retrouvant, pour savoir si elle avait eu raison de lui écrire une lettre aussi dure. Tant de soupçons à l'égard de celui qui lui portait tant d'attention ! Nous avons déjà parlé de Koumoti et de Soumoti [1]. Il faut entendre leur conversation dans le cœur de Gobindolal, où elles s'étaient installées l'une à côté de l'autre.

— La première faute de Bhromor a été sa méfiance, dit Koumoti.

— Pourquoi ne se serait-elle pas méfiée de quelqu'un qui ne mérite que méfiance ? A-t-elle eu tort de te soupçonner de t'amuser avec Rohini ? répondit Soumoti.

— Je l'avoue, je suis maintenant infidèle, mais, lorsque Bhromor m'a soupçonné, j'était innocent.

1. Koumoti et Soumoti : cf. p. 61, n. 1.

— Deux jours plus tôt ou deux jours plus tard, le résultat est le même. De toute façon, tu es coupable. A-t-elle eu tort de soupçonner quelqu'un qui est capable de commettre une faute ?

— Je suis devenu coupable parce que Bhromor me croyait coupable. A force de traiter un saint de voleur, il le devient.

— Le coupable est celui qui traite de voleur, non pas celui qui vole !

— Il est impossible de discuter avec toi. Tu ne te rends pas compte à quel point Bhromor m'avait offensé ! Lorsqu'elle a appris que je rentrais de l'étranger, elle s'est rendue chez son père.

— Si elle croyait avoir raison, elle n'avait pas autre chose à faire. Quelle est l'épouse qui ne se met pas en colère si son mari s'attache à une autre femme ?

— Elle a eu tort de croire cela : voilà justement sa faute.

— Le lui as-tu demandé ?

— Non.

— Tu te fâches sans savoir et tu fais des histoires parce que Bhromor, qui n'est qu'une enfant, s'est irritée sans te demander d'explications. Non, il ne s'agit pas de cela. Veux-tu que je te dise la vraie cause de ta colère ?

— Oui, dis-la.

— La vraie cause, c'est Rohini. Tu as fixé ton cœur sur elle et tu n'as plus de plaisir à être avec ta Bhomra toute noire.

— Comment se fait-il alors que je me sois plu si longtemps avec Bhromor ?

— Parce que tu n'avais pas Rohini. Un jour, rien ne se passe, mais chaque chose arrive à son heure et le soleil éclatant d'aujourd'hui n'empêche pas les intempéries de demain. Et puis, il n'y a pas que cela.

— Quoi d'autre ?

— Le testament de Krishnokanto. Le vieillard savait bien que s'il donnait la propriété à Bhromor, elle ne reviendrait qu'à toi. Il savait également que Bhromor te la rendrait par écrit dans un mois. Mais, te voyant t'égarer depuis quelque temps, il t'a lié au sari de Bhromor pour t'aider à retrouver le bon chemin. Sans rien comprendre, tu t'es fâché contre Bhromor.

— Oui, c'est vrai. Mais vais-je vivre des mensualités que me donnera ma femme ?

— La propriété est à toi, pourquoi ne pas demander à Bhromor de te la rendre par écrit ?

— Vais-je vivre des charités de ma femme ?

— Dis donc ! Quel homme au cœur de lion ! Alors, intente un procès à Bhromor et tu obtiendras gain de cause, car c'est bien ta propriété paternelle.

— Je vais poursuivre ma femme en justice ?

— Sinon, que faire ? Va-t'en à ta ruine.

— C'est ce que je cherche.

— Rohini te suivra-t-elle ?

Koumoti et Soumoti finirent par se tirer les cheveux mutuellement et par se battre avec violence.

CHAPITRE TRENTIÈME

Si la mère de Gobindolal avait été un parfait chef de famille, il aurait suffi d'un souffle pour dissiper ce nuage sombre. Car elle avait compris que sa belle-fille et son fils s'étaient réellement brouillés. Les femmes décèlent vite de telles ombres et, si elle s'était alors efforcée de faire disparaître celle-ci par de bons conseils, des paroles affectueuses et autres procédés que le bon sens indique aux femmes, elle serait peut-être arrivée à obtenir un résultat satisfaisant. Mais la mère de Gobindolal était loin de représenter le type parfait du chef de famille, et surtout elle en voulait à sa belle-fille, depuis qu'elle avait hérité de la moitié de la propriété. Elle n'avait pas pour Bhromor cette tendresse qui lui aurait permis de former des vœux pour son bonheur et elle ne pouvait pas supporter que la propriété revînt à sa belle-fille, alors que son fils vivait encore. Il ne lui vint jamais à l'esprit que Krishnokanto, estimant indivisibles les biens de Bhromor et de Gobindolal, avait fait Bhromor héritière seulement en vue de mettre un frein à l'égarement de Gobindolal. Elle ne se donna pas la peine de réfléchir une seule fois que Krishnokanto à l'agonie avait fait écrire cet acte, apparemment injuste, à un moment où sa raison était en partie ébranlée, son esprit en partie troublé. Elle arrêta seulement sa pensée sur le fait qu'elle devrait passer le reste de sa vie en dépendant, comme beaucoup d'autres dans la famille, de sa belle-fille. Aussi prit-elle la décision de quitter la maison. Veuve, et un peu égoïste, elle souhaitait depuis la mort de son mari aller vivre à Bénarès [1]. Si son amour maternel pour son fils l'en avait empêchée jusqu'ici, plus rien maintenant ne s'opposait à ce désir qui devenait de plus en plus fort. Elle dit à Gobindolal :

— Les chefs de la famille sont montés au ciel l'un après l'autre, et mon heure va venir bientôt. Remplis le devoir d'un bon fils : envoie-moi à Bénarès.

Gobindolal accepta aussitôt.

— Je vais t'y emmener moi-même, dit-il.

Malheureusement, à ce moment-là, Bhromor avait décidé toute seule de se rendre chez son père et personne ne le lui avait interdit. Gobindolal commença donc à faire tous les préparatifs du départ pour Bénarès sans que Bhromor le sût. Il se procura de l'argent en vendant secrètement les quelques biens qui étaient à son nom. Il vendit aussi or, diamants et autres objets de valeur qui lui appartenaient en propre et rassembla ainsi cent mille roupies. Il décida de vivre à l'avenir avec cette somme.

Après avoir fixé la date du départ pour Bénarès il envoya chercher Bhromor. A la nouvelle du départ de sa belle-mère pour Bénarès, Bhromor revint en toute hâte, se jeta à ses pieds, et la supplia tout en larmes :

— Mère, je suis jeune : ne me laisse pas seule. Qu'est-ce que je connais de la direction d'une maison ? Mère, le ménage est un océan, ne m'abandonne pas seule sur ces flots.

— Ta belle-sœur aînée est là, répondit la belle-mère. Elle va s'occuper de toi aussi bien que moi; du reste, tu es également devenue la maîtresse de maison.

Bhromor ne comprit rien : elle continua seulement à pleurer et sentit qu'un grand danger la menaçait, que sa belle-mère la

1. Bénarès : ville sainte et lieu de pèlerinage situé au bord du Gange. Des veuves et des religieux vont y finir leurs jours, car la croyance populaire veut que si l'on y meurt on aille directement au Paradis. On l'appelle aussi Kâçî (nom employé ici dans le texte original) ou Vârâṇasî; Kâçî est le nom traditionnel, généralement employé quand on parle de la ville en tant que ville sainte, et le seul courant en bengali. Vârâṇasî est un nom ancien qui a remplacé récemment Bénarès (Banâras) en tant que nom officiel.

quittait, et que son mari, qui allait l'accompagner, en profiterait peut-être pour ne pas revenir ! Serrant les pieds de Gobindolal, elle lui dit en sanglotant :

— Dis-moi dans combien de jours tu reviendras.

— Je ne peux pas te le dire. Je n'ai pas grande envie de revenir.

Bhromor lâcha ses pieds, se releva et se dit en elle-même : « Qu'ai-je à craindre ? Je prendrai du poison. »

Enfin arriva le jour du départ. Il fallait, pour arriver au train, faire un petit trajet en palanquin. C'était l'heure, tout était prêt. Les porteurs commencèrent à emporter de lourds coffres, malles, boîtes, sacs, baluchons. Les domestiques qui devaient accompagner Gobindolal et sa mère, habillés de vêtements d'une blancheur éclatante, les cheveux bien coiffés, chiquaient du bétel devant la porte principale. Les portiers boutonnèrent leur veste imprimée à l'indienne et, un lathi [1] à la main, se mirent à se disputer avec les porteurs. Les enfants du quartier s'assemblèrent en foule pour assister au spectacle. La mère de Gobindolal se prosterna devant la divinité du foyer, fit ses adieux à tous comme il le fallait, et monta dans le palanquin, les larmes aux yeux. Tandis que tout le monde pleurait, on vit le palanquin s'éloigner.

De son côté, Gobindolal, ayant fait ses adieux aux autres dames de la maison, se rendit dans la chambre à coucher pour prendre congé de Bhromor qui pleurait à chaudes larmes. La voyant ainsi bouleversée, il oublia ce qu'il était venu lui dire et lui dit tout simplement :

— Bhromor ! Je vais accompagner maman.

Bhromor essuya ses larmes :

— Mère va rester là-bas. Et toi, tu ne reviendras pas ?

Lorsque Bhromor lui posa la question, elle ne pleurait plus ; le calme et la gravité de sa voix, la ferme détermination de ses lèvres étonnèrent un peu Gobindolal. Il ne trouva pas de réponse tout de suite. Devant ce silence, Bhromor continua :

1. Lathi (lâṭhi) : long bâton souvent ferré, ordinairement en bambou, que portent les policiers, les portiers, les malfaiteurs, etc.

— Tu vois, c'est toi qui m'as enseigné qu'on doit avoir le seul culte de la vérité, et qu'elle est l'unique source de joie. Dis-moi aujourd'hui la vérité. Je suis une enfant qui dépend de toi, ne me trompe pas maintenant. Quand reviendras-tu ?

— Alors, écoute bien la vérité. Je n'ai pas envie de revenir.

— Pourquoi n'en as-tu pas envie, ne me le diras-tu pas avant de partir ?

— Si je reste ici, je devrai vivre de tes charités.

— Quel mal y a-t-il à cela ? Je ne suis pour toi que l'esclave de tes esclaves.

— Ah, oui ! Bhromor esclave de mes esclaves, attendant mon retour de l'étranger assise à côté de sa fenêtre, alors qu'elle préfère aller chez son père au moment où je reviens !

— Je t'ai supplié tant de fois en embrassant tes pieds de me pardonner cette faute !

— Il y aura des centaines de fautes semblables, maintenant que tu as hérité.

— Au contraire. Regarde ce que j'ai fait avec l'aide de mon père lorsque je suis allée chez lui la dernière fois.

Bhromor lui montra une feuille de papier qu'elle mit dans sa main :

— Lis, dit-elle.

Gobindolal lut et s'aperçut que c'était un acte de donation entre vifs, par lequel Bhromor lui transmettait tout ce qui lui appartenait. Il était dûment timbré et avait donc été enregistré. Lorsqu'il l'eut parcouru, Gobindolal lui dit :

— Ce que tu as fait est digne de toi, mais n'oublie pas ce que sont nos relations : je te donne des bijoux et tu dois les porter. Mais tu n'as pas à me donner tes biens pour que j'en jouisse.

Et en disant cela, Gobindolal déchira l'acte si précieux en menus morceaux.

— Mon père m'a dit, fit remarquer Bhromor, que le déchirer ne servirait à rien. Il y en a une copie dans le bureau du gouvernement.

— Qu'elle y reste ! Je m'en vais.

— Quand reviendras-tu ?

— Je ne reviendrai pas.

— Pourquoi ? Je suis ta femme, ton disciple, ta protégée; j'ai été nourrie et élevée par toi, moi la plus esclave des esclaves, et je mendie tes paroles — pourquoi ne reviendras-tu pas ?

— Je n'en ai pas envie.

— N'as-tu pas de religion ?

— Peut-être bien que non.

Bhromor eut du mal à retenir ses larmes, à s'imposer de ne pas pleurer. Les mains jointes, la voix ferme, elle lança :

— Alors va-t'en, et tâche de ne pas revenir. Si tu veux m'abandonner bien que je n'aie rien fait, libre à toi ! Mais souviens-toi qu'un jour tu pleureras pour moi. Souviens-toi qu'un jour tu chercheras sur cette terre un amour authentique et sincère — Dieu en soit témoin ! Si j'ai toujours été fidèle, si je t'ai été dévouée de tout mon corps, de tout mon cœur et de toute mon âme, alors, toi et moi, nous nous rencontrerons de nouveau. C'est dans cet espoir que je continuerai à vivre. Va-t'en maintenant et, si tu le veux, dis que tu ne reviendras pas. Mais je te dis que tu reviendras, que tu m'appelleras de nouveau par mon nom et que tu pleureras de nouveau pour moi. Si cette prédiction ne se réalise pas, alors tu sauras que Dieu lui-même est faux, que la religion est fausse et que Bhromor est infidèle ! Va-t'en ! Je ne me plains pas ! Tu es à moi, non à Rohini.

Sur ces mots, Bhromor s'inclina avec respect devant son mari, puis, calme et noble, entra dans une chambre voisine et en ferma la porte.

CHAPITRE TRENTE ET UNIÈME

Peu avant le commencement de ce récit, Bhromor avait mis un fils au monde, mais il était mort dans la chambre où avait eu lieu l'accouchement. C'est sur cet enfant de sept jours que Bhromor, une fois la porte fermée, se mit à pleurer. Elle se jeta par terre, se roula dans la poussière et sanglota :

— Ma poupée de beurre, mon or de mendiant, où es-tu aujourd'hui ? Si tu étais encore en vie, il n'oserait pas m'abandonner. Il a cessé de m'aimer, mais aurait-il pu te priver de son amour ? Je suis laide, mais qui oserait dire que toi tu es laid ? Qui est plus beau que toi ? Laisse-moi te voir une fois, mon chéri. Ne peux-tu pas te montrer une seule fois à moi en ce moment où je suis si malheureuse ? Quand on est mort, ne se montre-t-on plus ?

Puis Bhromor, les mains jointes, le visage levé vers le ciel, s'adressa aux dieux dans un murmure :

— Que l'un de vous me dise quelle faute j'ai commise pour être condamnée, à l'âge de dix-sept ans à peine, à tomber dans une détresse inattendue. Mon fils est mort, mon mari vient de m'abandonner, je n'ai que dix-sept ans, et je n'ai encore connu que l'amour de mon mari; je n'ai plus envie de rien sur cette terre, puisque je n'ai pas appris à avoir d'autres désirs; pourquoi aujourd'hui, à mon âge, en suis-je frustrée ?

Après avoir longtemps gémi, elle finit par conclure que les dieux étaient très cruels. Que peuvent faire les hommes dans ces conditions, sinon pleurer ? C'est ce que fit Bhromor.

Gobindolal, lui, après avoir pris congé de Bhromor, se rendit lentement dans la partie extérieure de la maison. Disons la vérité : il se retournait en s'essuyant les yeux. Cet amour inestimable d'enfant, simple, sincère, vibrant, qui s'exprime à chaque mot et coule comme un fleuve jour et nuit, Gobindolal avait été heureux de le trouver chez Bhromor, et il se le rappelait maintenant. Il comprenait qu'il ne retrouverait jamais sur la terre ce qu'il venait d'abandonner.

« Je ne peux revenir sur ma décision, pensa-t-il. Pour l'instant, il faut que je m'en aille. Puisque j'ai commencé à partir, je n'ai qu'à continuer. Je ne serai peut-être jamais de retour. Quoi qu'il en soit, c'est décidé, je pars. »

Tout aurait été réglé si, à ce moment-là, Gobindolal était revenu et avait poussé la porte fermée de Bhromor en disant :

— Bhromor, je reviendrai.

Et certes il fut à plusieurs reprises sur le point de le faire. Mais, malgré son envie, il s'était retenu et en ressentait un peu de honte. « Pourquoi si tôt ? se dit-il. Je reviendrai quand je voudrai. » Son impression d'être coupable lui ôtait le courage d'aller revoir Bhromor. Sans prendre de décision, il continua à avancer, puis chassa tous ses scrupules, sortit de la maison, monta sur le cheval qui l'attendait et le fouetta. Chemin faisant, la beauté de Rohini apparut dans son cœur.

Deuxième partie

CHAPITRE PREMIER

Première année.

La nouvelle parvint à la maison de Horidragram que Gobindolal, accompagné de sa mère et de ses gens, était arrivé sain et sauf à Bénarès. Bhromor ne reçut aucune lettre. Froissée, elle n'en écrivit pas non plus. Seuls les employés de la propriété recevaient du courrier.

Un mois, deux mois passèrent : les lettres continuèrent à arriver et l'on apprit un jour que Gobindolal avait quitté Bénarès pour rentrer.

Lorsqu'elle en fut informée, Bhromor comprit que ce n'était qu'un prétexte aux yeux de sa mère et qu'il s'était rendu ailleurs. Il n'y avait aucun espoir qu'il pût revenir à la maison. Alors elle commença à prendre régulièrement des renseignements secrets sur Rohini. Au début, elle apprit ainsi que Rohini faisait la cuisine, mangeait, se lavait, allait chercher de l'eau. C'était tout. Mais, un jour, on lui fit savoir que Rohini était malade, restait couchée emmitouflée dans sa chambre et n'en sortait pas. C'était Brohmanondo qui faisait lui-même la cuisine pour les repas.

Plus tard, elle apprit que Rohini allait un peu mieux, mais la cause de sa maladie n'avait pas disparu. Elle souffrait de vives douleurs intestinales pour lesquelles n'existait aucun traitement médical. Elle devait donc aller se prosterner à

Tarokeshwar [1] pour obtenir sa guérison. Et aux dernières nouvelles, Rohini était partie pour se prosterner à Tarokeshwar et avait fait la route seule, sans personne pour l'accompagner.

Quant à Gobindolal, au bout de trois ou quatre mois il n'était toujours pas de retour. Cinq ou six mois passèrent ainsi et Bhromor ne cessait pas de pleurer, de se demander où il était, comment il se portait. Des nouvelles à ce sujet lui auraient suffi pour continuer à vivre : pourquoi fallait-il qu'elle en fût privée ?

Enfin, elle demanda à sa belle-sœur d'écrire une lettre à sa belle-mère : « Vous, qui êtes sa mère, recevez certainement des nouvelles de votre fils », lui disait-elle. Et la belle-mère répondit qu'elle recevait en effet des nouvelles de Gobindolal et qu'après avoir voyagé à Allahabad, Mathura, Jaypur et autres endroits, il était actuellement à Delhi, qu'il quitterait bientôt, car il ne restait longtemps nulle part.

De son côté, Rohini ne revint pas non plus. « Dieu sait où elle est partie, pensait Bhromor. Pécheresse moi-même, je n'oserais exprimer mes soupçons. » Mais la situation lui devint si insupportable que, les larmes aux yeux, elle partit chez son père, après en avoir touché un mot à sa belle-sœur.

Comme elle avait là plus de difficultés à obtenir des nouvelles de Gobindolal, elle revint à Horidragram où, n'apprenant rien de plus, elle fit écrire de nouveau une lettre à sa belle-mère. Cette fois-ci, la belle-mère répondit : « Gobindolal ne donne plus de nouvelles ; je ne sais pas où il est à présent. Je ne reçois aucune lettre. » Ainsi s'écoula la première année. Quand elle toucha à sa fin, Bhromor se coucha sur son lit de malade : la fleur d'oporajita [2] commença à se faner.

1. Tarokeshwar : temple de Çiva, au Bengale occidental ; on prétend que ceux qui s'y prosternent à jeun peuvent obtenir des guérisons miraculeuses.

2. Oporajita (aparâjitâ) : cf. p. 108, n. 1.

CHAPITRE DEUXIÈME

Quand il sut que Bhromor était alitée et malade, son père vint la voir. Nous n'avons pas encore présenté le père de Bhromor en détail, faisons-le tout de suite : Madhobinath Shorkar avait quarante et un ans. C'était un très bel homme, mais, sur son caractère, les opinions divergeaient. Beaucoup faisaient son éloge, beaucoup disaient qu'il n'existait pas d'homme aussi méchant que lui. Cependant tous s'accordaient sur sa ruse, si bien que même ceux qui le louaient le redoutaient.

Madhobinath pleura beaucoup devant l'état déplorable de sa fille, car il remarqua aussitôt que cette beauté noire, d'une allure autrefois si fraîche et si accorte, avait maintenant un visage ratatiné et pâle, un corps maigre, des clavicules saillantes, des yeux de lotus enfoncés dans leurs orbites. Bhromor aussi pleura beaucoup. Enfin lorsqu'ils eurent cessé de pleurer, Bhromor dit :

— Papa, je n'ai peut-être plus longtemps à vivre. Aide-moi à faire des actes de piété. Bien que je sois jeune, mes jours sont comptés. Il ne faut donc plus que je tarde. J'ai beaucoup d'argent, je voudrais le consacrer à des cérémonies religieuses. Qui va m'aider à les exécuter ? Papa, arrange-toi pour faire tout le nécessaire.

Madhobinath ne répondit rien, puis, lorsqu'il n'arriva plus à supporter sa douleur, il se rendit dans la partie extérieure de la maison. Assis, il y pleura longtemps. Mais il ne se contenta pas de verser des larmes : cette détresse à fendre le cœur se transforma dans son âme en une colère violente. Il se dit : « N'y a-t-il plus personne au monde pour faire souffrir aussi celui qui a martyrisé ma fille ? »

Plus il réfléchissait, plus la douleur faisait place en son cœur à la rage. Alors, rouge de colère, il jura : « Celui qui a causé un tel mal, je le mettrai dans le même état. »

Enfin un peu soulagé, Madhobinath rentra dans la partie intérieure de la maison. Il se rendit auprès de sa fille et lui dit :

— Ma petite chérie, je réfléchissais aux pratiques religieuses que tu voulais observer. Tu es encore trop souffrante pour cela, car elles exigent de nombreux jeûnes, et tu ne pourras pas les supporter. Quand tu auras un peu recouvré la santé...

— Est-ce que je pourrai encore me remettre ?

— Bien sûr que tu vas te rétablir, ma petite chérie, tu n'as rien de grave. On ne te fait pas soigner du tout ici et ce n'est guère possible : tu n'as ni beau-père ni belle-mère, personne pour s'inquiéter de toi, comment te soignerait-on ? Maintenant tu vas venir avec moi, et on s'occupera de toi chez moi. Je vais rester encore deux jours ici, puis je t'emmènerai à Rajgram.

C'est là que se trouvait la maison paternelle de Bhromor.

Ayant pris congé de sa fille, Madhobinath se rendit auprès de ses employés et demanda à l'intendant :

— Eh bien, recevez-vous des lettres de Gobindolal ?

— Du tout, répondit l'intendant.

— Où est-il en ce moment ?

— Aucun de nous ne peut le dire : il ne nous envoie aucune nouvelle.

— Auprès de qui puis-je me renseigner sur lui ?

— Si nous le savions, nous nous serions renseignés nous-mêmes. Nous avons envoyé quelqu'un à Bénarès auprès de sa mère pour avoir des nouvelles, mais cela aussi en vain. Personne ne sait où il est actuellement. Il reste caché.

CHAPITRE TROISIÈME

Madhobinath avait juré ferme de se venger du malheur de sa fille. Et, puisque Gobindolal et Rohini en étaient à l'origine, il fallait tout d'abord chercher où ces scélérats se trouvaient; autrement les méchants ne seraient pas châtiés, et Bhromor mourrait.

Vivant absolument incognito, ils avaient pris toutes les précautions possibles pour qu'on ne les retrouvât pas et avaient effacé toute trace de leurs pas. Madhobinath mit son point d'honneur à les retrouver. Il sortit donc fermement décidé de la maison des Ray. Il y avait un bureau de poste à Horidragram; il s'y présenta d'un pas tranquille et d'un air doux et innocent, sa canne à la main, en se balançant d'un côté et de l'autre et en chiquant du bétel.

Dans la chaumière sombre qui servait de poste, régnait un sous-directeur de bureau de poste qui touchait un traitement de quinze roupies par mois. Devant sa table cassée en bois de manguier [1], où étaient accumulés lettres, classeur de lettres, enveloppes, colle de jiol [2] dans un petit vase en terre, balance,

1. Bois de manguier : bois bon marché et peu solide. Le manguier, arbre de la famille des Anacardiacées *(Mangifera indica Linn.)*, est cultivé pour son fruit délicieux. Les fleurs qui paraissent à partir de février ont une odeur suave et légère.

2. Jiol (jiyal) : arbre de la famille des Anacardiacées *(Lannea coromandelica (Houtt.) Merr.*, autrefois *Lannea grandis Engl.* et *Odina Wodier Roxb.)* qui produit une résine dont on fait de la colle.

sceau et mille autres objets, le sous-directeur, appelé aussi receveur des postes, exerçait son pouvoir d'un air grave sur Monsieur le facteur. Il touchait quinze roupies par mois, le facteur sept. Mais le facteur croyait que la différence entre lui et le chef était la même qu'entre quinze annas et sept annas [1]. Le chef par contre considérait que ce pauvre type n'était qu'un facteur, dont la destinée reposait entre ses mains, et que la différence entre eux deux ne représentait pas moins que celle qui existe entre le ciel et la terre. Pour le prouver, il faisait sans cesse des remontrances au pauvre facteur qui répondait comme s'il n'était que huit annas en dessous de lui. Quand Madhobinath apparut avec son air serein et souriant, le chef était en train de peser des lettres et faisait des reproches d'un poids de quatre-vingts annas au facteur. A la vue d'un homme distingué, le sous-directeur arrêta ses réprimandes et le regarda bouche bée. Il lui vint vaguement à l'esprit qu'on devait accueillir un tel homme avec des paroles aimables, mais il n'avait pas appris comment on doit s'y prendre et il ne put y arriver.

Madhobinath vit qu'il avait affaire à un rustre.

— Êtes-vous brahmane ? lui demanda-t-il en souriant.

— Oui, et te... tu... vous ?

Madhobinath retint son sourire, baissa la tête, toucha son front avec ses mains jointes [2] et dit :

— Bonjour !

— Asseyez-vous, lui répondit le chef, ce qui posa un problème à Madhobinath, car il ne savait où s'exécuter. A part une vieille chaise à trois pieds qu'occupait le chef lui-même, il n'y avait pas d'autres sièges.

Alors le facteur de sept annas, nommé Horidash, enleva un tas de livres abîmés qui étaient sur un tabouret et offrit celui-ci à Madhobinath. Une fois assis, Madhobinath le fixa du regard et lui demanda :

— Alors, mon ami, comment vas-tu ? Il me semble que je t'ai rencontré quelque part.

1. Les annas expriment ici des pourcentages : cf. p. 32, n. 1.
2. Manière polie de saluer.

— Oui, Monsieur, je distribue les lettres.

— Ah, voilà pourquoi je te reconnais. Va donc me préparer un narguilé.

Madhobinath habitait dans un autre village et il n'avait donc jamais vu Horidash Boïragui qui ne le connaissait pas non plus. Horidash pensa : « Ce monsieur a l'air d'être un homme considérable, et il me donnera un petit pourboire, si je le lui demande. » Il sortit donc en courant lui chercher un narguilé.

Madhobinath ne fumait jamais de narguilé et ne lui en avait réclamé un que pour se débarrasser de lui.

Le facteur parti, Madhobinath dit au sous-directeur de la poste :

— Je suis venu pour vous demander quelque chose.

Dans son for intérieur, le sous-directeur sourit un peu. Il était originaire du Bengale oriental, de la ville de Bikkrompour. Si sot qu'il fût à certains égards, pour ses affaires il avait l'esprit fin comme une aiguille. Il devina très vite que ce monsieur s'était rendu auprès de lui pour obtenir un renseignement.

— De quoi s'agit-il, Monsieur ? lui demanda-t-il.

— Connaissez-vous Brohmanondo ?

— Je ne le connais pas... enfin je le connais... pas tellement.

Madhobinath comprit que ce malin allait peu à peu se montrer sous son vrai jour.

— Dans votre bureau de poste, arrive-t-il des lettres au nom de Brohmanondo Ghosh ?

— Ne connaissez-vous pas Brohmanondo Ghosh ?

— Que je le connaisse ou non, peu importe, je suis venu vous demander ce renseignement.

Alors le chef de la poste, se rappelant ses fonctions élevées et son grade de sous-directeur, prit un air très grave et répondit sur un ton légèrement irrité :

— Il nous est interdit de donner des informations sur ce qui se passe dans le bureau de poste.

Et, sur ces mots, le sous-directeur se remit à peser des lettres.

Madhobinath commença à sourire intérieurement.

— Mon cher ami, lui dit-il, tu ne me diras rien gratuitement, je le sais. Aussi, j'ai apporté ce qu'il faut avec moi, je t'en donnerai avant de partir. Maintenant, réponds-moi sans mentir à tout ce que je te demande.

Le visage du sous-directeur de la poste rayonna de joie.

— Que voulez-vous savoir ?

— S'il arrive des lettres dans le bureau de poste au nom de Brohmanondo.

— Oui, il arrive des lettres.

— Tous les combien ?

— Vous ne m'avez pas encore payé pour ce que je viens de vous dire. Payez-moi avant de me poser d'autres questions.

Madhobinath avait l'intention de lui donner quelque chose avant de partir, mais très vexé de sa conduite, il lui lança :

— Mon ami, je vois que tu es étranger; me connais-tu ?

Le sous-directeur répondit avec un mouvement de tête :

— Non. Mais, de toute façon, nous ne renseignons pas n'importe qui sur la poste. Qui es-tu ?

— Je m'appelle Madhobinath Shorkar et j'habite à Rajgram. Sais-tu combien de lathials [1] j'ai à mon service ?

Le sous-directeur eut peur; il avait entendu parler de Madhobinath et de son pouvoir redoutable. Il se tut un instant.

Madhobinath continua :

— Réponds-moi sans mentir à ce que je te demande. Si tu me trompes en quoi que ce soit, je ne te donnerai rien, pas même un sou. Si tu refuses, si tu mens, je mettrai le feu à ta maison, je ferai piller ton bureau de poste; au tribunal, je ferai prouver que tu avais engagé toi-même des gens pour voler l'argent du gouvernement. Eh bien, vas-tu parler maintenant ?

Le sous-directeur se mit à trembler de tous ses membres :

— Pourquoi vous mettez-vous en colère ? Le fait est que je ne vous connaissais pas. Je vous avais pris pour un homme du peuple et c'est pourquoi je vous avais parlé de la sorte. Puisque

1. Lathial (lâṭhiyâl) : homme armé d'un grand bâton (cf. p. 135, n. 1) et habile à le manier. Les jomidârs (cf. p. 31, n. 1) et autres personnalités puissantes les utilisaient comme des mercenaires pour se débarrasser des obstacles qui s'opposaient à leurs intérêts et menacer les gens.

c'est vous qui êtes là, je répondrai à tout ce que vous me demanderez.

— Tous les combien arrivent les lettres de Brohmanondo ?

— Presque une fois par mois, je ne me le rappelle pas bien.

— Les lettres sont-elles recommandées ?

— Oui, la plupart des lettres le sont.

— Dans quel bureau de poste ont-elles été recommandées ?

— Je ne m'en souviens pas.

— N'en gardes-tu pas un récépissé ?

Le sous-directeur, après avoir cherché, trouva des reçus. Il en lut un et dit :

— Proshadpour.

— En quel district est Proshadpour ? Consulte ta liste

Le sous-directeur de la poste, toujours effrayé, regarda la liste imprimée et répondit :

— Joshore.

— Alors, regarde encore quels sont les autres endroits d'où les lettres recommandées sont arrivées au nom de Brohmanondo. Examine tous les reçus.

Le chef de la poste remarqua que toutes les lettres reçues récemment étaient venues de Proshadpour. Madhobinath mit un billet de dix roupies dans la main tremblante du chef du bureau de poste et prit congé de lui. Bien que Horidash n'ait pu encore trouver un narguilé, Madhobinath avait laissé une roupie pour lui. Inutile de dire que le chef du bureau de poste la garda.

CHAPITRE QUATRIÈME

Madhobinath rentra le sourire aux lèvres, car il avait appris de différentes personnes toute l'histoire de la déchéance de Gobindolal et de Rohini et il était persuadé que Rohini et Gobindolal vivaient secrètement dans un même endroit. Il connaissait aussi parfaitement bien la condition de Brohmanondo et savait que celui-ci n'avait plus personne que Rohini. Aussi, lorsqu'on lui avait dit à la poste que des lettres recommandées adressées à Brohmanondo arrivaient tous les mois, il avait compris que Rohini, ou Godindolal, lui envoyait une pension alimentaire. Les lettres arrivaient de Proshadpour, donc les deux devaient sûrement habiter soit à Proshadpour soit dans un endroit proche. Pour en avoir la confirmation, à peine revenu chez sa fille, il envoya quelqu'un au commissariat de police. Il écrivit au sous-inspecteur de lui envoyer un gendarme, car il pourrait lui donner des indications pour retrouver des objets volés. Le sous-inspecteur, qui connaissait fort bien Madhobinath et le redoutait, envoya dès réception de sa lettre un gendarme du nom de Niddra Singha.

Madhobinath mit deux roupies dans sa main et lui dit :

— Ohé, mon cher ami, ne m'étourdis plus avec ton charabia hindi [1], fais ce que je te dis. Va te cacher sous cet arbre et tiens-

1. Charabia hindi : A cette époque, les policiers au Bengale se recrutaient pour une bonne part dans les provinces de l'Inde ayant le hindi comme langue maternelle. On s'amusait beaucoup du hindi des policiers.

toi debout de telle sorte qu'on puisse te voir d'ici. Tu n'as rien d'autre à faire.

Niddra Singha y consentit et se retira. Alors Madhobinath envoya chercher Brohmanondo. Celui-ci vint s'asseoir auprès de lui. Ils étaient seuls. Après un échange de questions sur leur santé, Madhobinath dit :

— Monsieur, vous étiez un grand ami de l'oncle décédé de mon beau-fils. Maintenant vous n'avez plus personne puisque mon beau-fils est à l'étranger. Si par hasard vous vous trouvez en danger, c'est nous qui devons nous en occuper. C'est pourquoi je vous ai appelé.

La figure de Brohmanondo s'allongea :

— De quel danger voulez-vous parler, Monsieur ? demanda-t-il.

Madhobinath répondit gravement :

— Il est vrai que vous courez un certain danger.

— Quel danger, Monsieur ?

— Un grand danger. La police a appris que vous possédez un billet volé.

Brohmanondo tomba des nues :

— Comment donc ! J'ai en ma possession un billet volé !

— Tu ne le sais peut-être pas, mais quelqu'un t'a donné un billet volé, et tu l'as gardé à ton insu.

— Comment se peut-il, Monsieur ! Qui me l'aurait donné ?

Alors Madhobinath baissa la voix et lui dit :

— J'ai tout appris ; la police aussi le sait ! En réalité, c'est la police qui me l'a dit. Le billet volé est arrivé de Proshadpour. Voilà un agent de police qui t'attend ; je l'ai retenu en lui donnant quelque chose.

Et Madhobinath lui montra le policier barbu et moustachu qui, armé d'une matraque, se tenait au pied de l'arbre.

Brohmanondo, tout tremblant, saisit les pieds de Madhobinath et lui dit en pleurant :

— Sauvez-moi, je vous en prie.

— N'aie pas peur. Dis-moi quels sont les numéros des billets que tu as reçus la dernière fois de Proshadpour. La police m'a laissé le numéro du billet volé. Tu n'as rien à craindre si ton billet ne porte pas ce numéro. Combien de temps faut-il pour changer le numéro ! Montre-moi la dernière lettre de Proshadpour, que je voie le numéro.

Brohmanondo, terrifié par le policier qui était sous l'arbre, n'osait pas bouger.

Madhobinath le rassura :

— Ne crains rien, je vais demander à quelqu'un de t'accompagner.

Sur l'ordre de Madhobinath un portier alla avec Brohmanondo, qui apporta la lettre de Rohini, dans laquelle Madhobinath trouva tout ce qu'il cherchait.

Après avoir lu la lettre, il la rendit à Brohmanondo et lui dit :

— Ce billet ne porte pas ce numéro. Tu n'as rien à craindre, rentre chez toi. Je vais renvoyer le policier.

Brohmanondo se sentit ressusciter et il se sauva à toutes jambes.

Pour faire soigner sa fille, Madhobinath l'emmena chez lui. Il engagea un médecin compétent et lui-même se rendit à Calcutta. Malgré la vive opposition de Bhromor, Madhobinath refusa de l'écouter et, avant de partir, la consola en lui disant qu'il rentrerait bientôt.

A Calcutta, Madhobinath avait un grand ami qui s'appelait Nishakor Dash. Celui-ci était plus jeune que Madhobinath de huit ou dix ans. Nishakor vivait de ses rentes, car il avait hérité de la propriété paternelle et il s'adonnait seulement un peu à la musique. Se trouvant désœuvré, il voyageait beaucoup. C'est lui que Madhobinath vint voir.

Lorsqu'ils se furent entretenus de diverses affaires, Madhobinath demanda à Nishakor :

— Dis, veux-tu aller te promener ?

— Où ?

— A Joshore.

— Pourquoi là ?

— Je veux y acheter une fabrique d'indigo.

— D'accord.

Ils préparèrent ce dont ils avaient besoin en un ou deux jours, et les deux amis partirent en direction de Joshore d'où ils se rendraient à Proshadpour.

CHAPITRE CINQUIÈME

Voyez couler lentement la mince rivière Tchittra bordée d'ashwatthas [1], de kodombos [2], de manguiers [3], de dattiers et d'innombrables arbres qui forment de petits bois où chantent kokils [4], doëls [5], papiyas [6]. Aucun village aux alentours, seul un petit marché appelé Proshadpour, à environ quatre kilomètres. Estimant que cet endroit retiré permettait de commettre des crimes impunément, un Européen planteur d'indigo y avait autrefois construit une fabrique.

Un Bengali avait acheté ce bâtiment imposant situé dans un champ isolé et l'avait décoré : fleurs, statues, sièges, miroirs, tableaux lui donnaient une allure magnifique. Pénétrons dans une grande pièce au premier étage. Au milieu de certaines toiles splendides, et d'autres dont la laideur refuse toute description, un musulman à barbe, assis sur un siège propre et moëlleux, resser-

1. Ashwattha (açvattha, prononcé en bengali oshshottho) : grand arbre de la famille des Urticacées appelé Figuier des pagodes *(Ficus religiosa Linn.)*. Cet arbre est sacré pour les hindous et les bouddhistes.

2. Kodombo (kadamba) : arbre à fleurs rondes comme une boule, jaune clair tirant sur le blanc, au parfum léger, de la famille des Rubiacées *(Anthocephalus indicus A. Rich.*, autrefois *A. Cadamba Miq.* ou *Nauclea Cadamba Roxb.)*.

3. Manguiers : cf. p. 147, n. 1.

4. Kokil : cf. p. 52, n. 1.

5. Doël : cf. p. 69, n. 2.

6. Papiya (pâpiyâ) : Oiseau au chant très agréable dont le nom scientifique est *Hierococcyx varius*.

rait les chevilles d'un tomboura [1], tandis qu'assise auprès de lui une jeune femme tapait sur un tobla [2] et faisait tinter les bijoux en or de ses mains. De chaque côté, deux grands miroirs accrochés aux murs reflétaient leurs mouvements. Dans une pièce voisine un jeune homme lisait un roman et suivait du regard les gestes de la jeune femme par la porte entrouverte.

L'homme à barbe, tout en resserrant les chevilles du tomboura, en pinçait les cordes. Lorsqu'il jugea que les miaulements des cordes et les tapotements du tambour étaient bien accordés, des dents d'une blancheur de neige émergèrent de l'obscurité de sa barbe et de sa moustache et il commença à émettre des sons dont le volume aurait fait honneur à un taureau. Tandis qu'il produisait ces sons, ses dents blanches comme la neige bougeaient de telle sorte que la masse noire de la barbe qui suivait esquissait des mouvements comiques. Alors la jeune femme, stimulée par les grimaces, se mit à chanter en mêlant sa voix douce à la voix de taureau, ce qui donna une sorte de chant d'or et d'argent, grêle et grave à la fois.

On souhaiterait ici tirer le rideau pour éviter de montrer tout ce qui est impur et inconvenant. Mais nous ne raconterons que ce qu'il est indispensable de connaître. Il faut pourtant mentionner les bourdonnements des bourdons, le chant des kokils dans les bosquets d'ashoks [3], de bokouls [4], de koutojs [5], de

1. Tomboura (tamburâ, tânpurâ) : instrument de musique à quatre cordes qui ressemble à une guitare ou à une mandoline à très long manche; il n'a pas de touches et la caisse est constituée par une calebasse. C'est l'instrument indispensable pour l'accompagnement de la musique classique (chant et instruments à cordes pincées); on n'y joue pas de mélodie, mais seulement une pédale composée des notes principales du mode.

2. Tobla (tablâ) : instrument constitué par une paire de tambours, joués l'un par la main droite et l'autre par la main gauche; celui de la main droite (qui est parfois aussi désigné par le nom de tablâ) s'accorde avant chaque exécution. C'est le tambour le plus utilisé pour accompagner la musique classique (vocale et instrumentale) dans le nord de l'Inde, le Pakistan et le Bangla Desh.

3. Ashok : cf. p. 56, n. 2.

4. Bokoul : cf. p. 53, n. 1.

5. Koutoj : cf. p. 69.

kourouboks [1], les cris de cygnes entraînés par les vagues de la petite rivière, les parfums se dégageant des jouthis [2], des jatis [3], des mollikas [4], des modhoumalotis [5], la beauté éclatante du soleil dans la maison à travers les vitres bleues, la splendeur des gerbes de fleurs bien arrangées dans des vases en argent et en cristal, la couleur lumineuse des objets décoratifs et la prolifération des modulations pures du chanteur. Ce qui justifie la notation de tout cela, c'est le regard du jeune homme fixé sur les yeux mobiles de la jeune femme dont la beauté donnait pour lui un charme parfait à toutes choses.

Ce jeune homme était Gobindolal, cette jeune femme, Rohini. Il avait acheté cette maison et c'est là qu'ils s'étaient installés.

Soudain le tobla de Rohini se désaccorda. Une corde du tomboura du maître de musique se cassa, il eut des picotements dans la gorge et toussa, le chant s'arrêta; le roman tomba de la main de Gobindolal. A ce moment-là, un jeune homme inconnu passa la porte de cette maison de plaisance. Nous le connaissons : c'était Nishakor Dash.

1. Kouroubok (kuruvaka) : buisson de la famille des Acanthacées *(Barleria cristata Linn.)*, portant des fleurs roses, ou parfois blanches ou bleues.

2. Jouthi (yûthî), autre nom de la jouthika, cf. 1re partie, chap. xv, p. 91, n. 2.

3. Jati (jâti) : gracieux arbuste aux branches tombantes, de la famille des Oléacées *(Jasminum grandiflorum Linn.)*.

4. Mollika : cf. p. 69, n. 3.

5. Modhoumaloti (madhumâlati) : arbrisseau grimpant de la famille des Cobrétacées *(Quisqualis indica Linn.)*, aux fleurs odoriférantes dont la couleur va du mauve foncé au rouge ou au blanc.

CHAPITRE SIXIÈME

Rohini habitait au premier et unique étage de cette maison, où elle était astreinte à mener en partie une vie retirée [1]. Les domestiques vivaient au rez-de-chaussée. Comme, dans cet endroit solitaire, presque jamais personne ne venait visiter Gobindolal, il n'était pas nécessaire d'avoir une maison extérieure. Si par hasard un marchand ou quelque autre personne arrivait, on le faisait savoir en haut à Gobindolal, qui descendait pour le recevoir. Il avait aménagé une pièce en bas à cette intention.

Lorsqu'il arriva devant la porte du rez-de-chaussée, Nishakor Dash, debout, demanda :

— Y a-t-il quelqu'un ici ?

Gobindolal avait deux domestiques nommés Shona et Roupo. Au bruit de la voix, tous les deux se présentèrent à la porte et furent étonnés de se trouver en face d'un homme qui leur donna l'impression d'être d'un rang élevé, car Nishakor portait un costume très élégant. Jamais quelqu'un de semblable n'avait franchi le seuil de la maison et les domestiques se regardèrent les yeux écarquillés. Shona demanda :

— Qui cherchez-vous ?

— Vous-mêmes. Allez informer votre maître qu'un monsieur est venu le voir.

1. Vie retirée : c'est la vie à laquelle étaient astreintes à cette époque les femmes de haut rang.

— Quel nom lui dirai-je ?

— Il n'est pas nécessaire de lui donner un nom. Dis simplement que c'est un monsieur.

Or, les domestiques savaient que leur maître ne recevait aucun homme de la sorte. Ce n'était pas du tout dans son genre. Aussi n'avaient-ils pas bien envie d'aller lui faire part de la nouvelle. Shona hésitait. Roupo prit la parole :

— Vous êtes venu en vain, notre maître ne voit personne.

— Alors, restez là, je vais monter sans prévenir.

Les domestiques se trouvèrent dans une situation embarrassante.

— Ne le faites pas, Monsieur, nous vous en prions, nous perdrons notre emploi.

Nishakor sortit une roupie et leur dit :

— Celui qui portera l'information aura cette roupie.

Shona se mit à réfléchir; Roupo s'élança comme un milan pour prendre la roupie dans la main de Nishakor et monta annoncer la nouvelle.

Le jardin qui entourait la maison était très beau. Nishakor dit à Shona :

— Je vais me promener dans ce jardin; ne t'y oppose pas; lorsqu'on me cherchera, tu viendras m'y appeler. Et Nishakor mit une roupie dans la main de Shona.

Au moment où Roupo se présenta auprès de son maître, celui-ci était absorbé par son travail et le domestique ne put dire un mot de Nishakor. Quant à ce dernier, comme il se promenait dans le jardin, il aperçut, en levant les yeux en l'air, une femme belle à ravir qui le regardait debout à sa fenêtre.

Tout en le fixant, Rohini pensait : « Qui est cet homme ? A le voir, il ne semble pas qu'il soit d'ici. Sa tenue et son allure donnent l'impression d'un homme riche. Il est également très beau; plus que Gobindolal ? Non, pas véritablement. Gobindolal a un teint clair, mais celui-ci a un beau visage et de beaux yeux. De beaux yeux surtout! Qu'ils sont ravissants! Quels yeux! D'où peut-il bien venir ? Il ne peut être de Holoudgan [1],

1. Holoudgan : variante familière de Horidragram; Horidragram signifie « village du curcuma »; Holoudgan a le même sens, mais les

puisque j'y connais tout le monde. Ne pourrais-je pas lui parler un peu ? Il n'y a pas de mal à cela, du moment que je ne serai jamais infidèle à Gobindolal. »

Ainsi pensait Rohini quand Nishakor, le visage levé, regarda en l'air et quand leurs yeux se rencontrèrent. Se parlèrent-ils ? Même si nous le savions, nous n'aurions pas le désir de le raconter. Toujours est-il que nous avons entendu dire que les yeux peuvent parler.

Pendant ce temps, Roupo, ayant trouvé son maître libre, lui apprit qu'un monsieur était venu le voir.

— D'où est-il venu ? demanda le maître.

— Je ne le sais pas.

— Pourquoi ne l'as-tu pas demandé avant de m'avertir ?

Roupo se rendit compte qu'il allait être pris pour un sot. Il eut la présence d'esprit de répondre :

— Je le lui ai demandé, mais il m'a répondu qu'il vous le dirait à vous-même.

— Alors, va l'informer que je ne le verrai pas.

Sa longue attente avait fait soupçonner à Nishakor que Gobindolal avait peut-être refusé de le recevoir. « Mais à quoi bon observer les bienséances envers un malfaiteur ? Pourquoi ne pas monter moi-même tout droit ?», se demanda-t-il.

Réflexion faite, sans attendre le retour du domestique, Nishakor entra de nouveau dans la maison. Ni Shona, ni Roupo, personne n'était au rez-de-chaussée. Alors, sans crainte, Nishakor monta l'escalier et se présenta devant Gobindolal, Rohini et Danesh Khan, le chanteur. En le voyant, Roupo le montra de la main et dit :

— C'est ce monsieur qui désirait vous voir.

Gobindolal était fort en colère. Mais il vit que c'était un homme distingué et lui demanda :

— Qui êtes-vous ?

— Je m'appelle Rashbihari De.

— Votre domicile ?

mots qui le composent appartiennent à la langue familière au lieu d'appartenir à la langue écrite.

— Borahonogor.

Nishakor, qui avait compris que Gobindolal ne lui demanderait pas de s'asseoir, s'installa élégamment.

— Qui cherchez-vous ? demanda Gobindolal.

— Vous.

— Si, au lieu d'entrer de force dans cette pièce, vous aviez attendu un peu, vous auriez su par mon domestique que je n'ai le temps de voir personne.

— Mais je vois que vous avez amplement le temps. Si j'étais homme à partir à cause d'intimidations et de remontrances, je ne serais pas venu vous voir. Maintenant que je suis là, écoutez ce que j'ai à vous dire et tout ira mieux.

— Je voudrais bien ne pas l'entendre. Mais si vous pouvez en finir en deux mots, alors dites-le et partez.

— Deux mots suffiront. Votre épouse Bhromor Dashi voudrait louer sa propriété à bail.

Danesh Khan, le chanteur, mettait alors d'une main une nouvelle corde au tomboura, tandis que de l'autre il comptait sur ses doigts :

— Cela fait déjà un mot, dit-il.

— Je voudrais la prendre à bail, continua Nishakor.

En comptant sur ses doigts, Danesh dit :

— Cela fait deux mots.

— C'est pourquoi je m'étais rendu à Horidragram.

— Au lieu de deux mots, vous en avez maintenant dit trois, ajouta Danesh Khan.

— Dis donc, maestro, es-tu en train de compter tes cochons [1] ?

Le maestro, rouge de colère, dit à Gobindolal :

— Monsieur le maître, je vous prie de renvoyer cet homme mal élevé.

Mais monsieur le maître, distrait à cet instant, ne dit rien.

Nishakor continua :

— Votre épouse est disposée à me louer ses propriétés à bail avec votre consentement. Elle ne connaît pas votre adresse, et n'a pas envie de vous écrire. C'est donc à moi qu'incombe la

1. Compter tes cochons : injure à l'adresse d'un musulman pour qui le cochon est un animal impur.

tâche de savoir votre opinion. Après maintes recherches, j'ai pu obtenir votre adresse et me voilà pour vous demander votre autorisation.

Gobindolal ne répondit rien, il était décidément très distrait. Le nom de Bhromor entendu si longtemps après; sa Bhromor à lui! Deux ans après! Dans une certaine mesure, Nishakor comprit :

— Si vous êtes d'accord, continua-t-il, mettez-le par écrit en une ligne, et je m'en vais.

Gobindolal ne répondit toujours rien. Alors Nishakor répéta et expliqua tout une fois de plus. Cette fois-ci, Gobindolal se maîtrisa et écouta. Le lecteur a compris que tous les propos de Nishakor étaient faux, mais Gobindolal ne le comprit pas. Renonçant à sa rudesse précédente, il lui dit :

— Ma permission est inutile. La propriété est à ma femme et non à moi, peut-être le savez-vous. Elle peut la donner à bail à qui elle veut, ce n'est pas à moi à permettre ou à interdire. Aussi je n'écrirai rien. Vous allez maintenant, je suppose, me laisser tranquille.

Nishakor n'avait pas d'autre possibilité que de s'en aller. Il descendit. Puis, quand il fut parti, Gobindolal demanda à Danesh Khan :

— Chante-moi quelque chose.

Sur l'ordre de son maître, Danesh Khan accorda de nouveau le tomboura et demanda :

— Que vais-je chanter ?

— Ce qu'il te plaît, dit Gobindolal, et il commença lui-même à jouer du tobla.

Gobindolal savait déjà en jouer un peu auparavant, mais il était maintenant devenu expert; néanmoins, ce jour-là, il ne put accompagner Danesh Khan, il perdait continuellement la mesure. Ennuyé, Danesh Khan posa le tomboura, s'arrêta de chanter et lui dit :

— Je suis fatigué aujourd'hui.

Alors Gobindolal prit un sitar [1] et essaya d'en jouer, mais il

1. Sitar (sitâr) : instrument de musique à cordes pincées (en principe au nombre de sept). Cet instrument, qu'il ne faut pas confondre

oubliait tous les airs. Il le déposa et se mit à lire un roman. Il n'arrivait pas à en saisir le sens. Alors il laissa le livre et entra dans la chambre à coucher. Il n'y trouva pas Rohini, mais comme Shona, le domestique, était par là, Gobindolal s'adressa à lui de la porte :

— Maintenant, je vais dormir un peu, que personne ne me réveille tant que je dormirai.

Et, en disant cela, il ferma la porte de sa chambre. Le crépuscule touchait presque à sa fin. La porte fermée, Gobindolal ne dormit point; assis sur le lit, le visage dans ses mains, il commença à pleurer.

Pourquoi pleura-t-il? Sur Bhromor, ou sur lui-même, nous ne saurions le dire. Peut-être sur les deux. Mais ce qu'il y a de sûr, c'est qu'il ne pouvait rien faire d'autre que de pleurer. C'était bien tout ce qu'il pouvait faire pour Bhromor, puisqu'il ne pouvait plus retourner auprès d'elle. Impossible pour lui de montrer son visage à Horidragram. Le chemin en étant semé d'épines, que faire, sinon pleurer?

avec la cithare, est l'un des principaux instruments de solistes dans le nord de l'Inde, le Pakistan et le Bangla Desh.

CHAPITRE SEPTIÈME

Lorsque Nishakor était entré dans la grande salle, Rohini avait dû passer dans la pièce d'à côté. Mais, invisible, elle n'était pas hors de portée de la voix, et elle avait écouté, l'oreille tendue, toute la conversation. Écartant un peu le rideau de la porte, elle avait même regardé Nishakor, qui n'avait pas manqué d'apercevoir cet œil immense qui le fixait de derrière le rideau.

Elle avait entendu que Nishakor, ou plutôt Rashbihari, venait de Horidragram. Comme elle, le serviteur Roupo, debout aussi, avait tout écouté. Dès que Nishakor fut sorti, Rohini sortit sa tête de derrière le rideau et fit signe à Roupo, qui s'approcha; elle lui chuchota à l'oreille :

— Pourras-tu faire ce que je vais te dire ? Il faut que le maître n'en sache rien. Si tu gardes le secret, je te donnerai cinq roupies de pourboire.

Roupo songea en lui-même : « Je ne sais quel est le premier visage que j'ai vu ce matin à mon réveil [1] pour gagner tant d'argent aujourd'hui. C'est déjà une chance pour un pauvre de gagner deux sous. »

— Je ferai tout ce que vous me demanderez. J'attends vos ordres, je vous en prie, dit-il à Rohini.

— Rattrape ce monsieur qui descend. Il est venu de mon pays

1. A mon réveil : allusion à la croyance populaire selon laquelle la journée se déroule bien ou mal suivant le premier visage que l'on a vu au réveil.

natal et comme je ne reçois jamais de nouvelles, ce qui me rend si malheureuse, je ne voudrais pas manquer l'occasion d'en demander à quelqu'un qui arrive de là-bas. Furieux, le maître l'a renvoyé, mais fais-le asseoir à un endroit où le maître ne puisse pas le voir, s'il descend. Il faut que personne ne le voie. Aussitôt que le moment sera favorable pour que je passe inaperçue, j'irai le trouver. S'il ne veut pas rester, prie-le avec insistance.

Roupo, attiré par le pourboire, courut pour exécuter ses ordres.

Dans quelle intention Nishakor était-il venu mystifier Gobindolal ? Son attitude aurait pu faire naître des soupçons chez un homme intelligent qui l'aurait vu ainsi : il était en train d'examiner les vantaux, les verrous, les gonds de la porte d'entrée de la maison quand le valet Roupo arriva :

— Voulez-vous fumer un narguilé ? demanda Roupo.

— Dois-je accepter des domestiques ce que le maître ne m'a pas offert ?

— Non, il ne s'agit pas de cela, j'ai un mot à vous dire à part. Je vous prie de venir avec moi dans un endroit retiré.

Roupo emmena Nishakor, qui le suivit sans faire de difficultés dans sa chambre solitaire, le fit asseoir et lui fit part de tout ce que Rohini lui avait dit.

Nishakor n'avait plus qu'à tendre la main vers le ciel pour atteindre la lune. Il avait trouvé là le moyen le plus facile pour réaliser son projet.

— Mon ami, dit-il, puisque ton maître m'a renvoyé, comment pourrai-je rester caché dans sa maison ?

— Il ne saura rien. Il ne vient jamais dans cette pièce.

— Je veux bien croire qu'il ne vienne pas, mais si, au moment où ta maîtresse descendra, il se demande où elle va et décide de la suivre, ou bien s'il la voit d'une manière ou d'une autre avec moi, alors imagine ce qu'il va advenir de moi !

Roupo se tut. Nishakor reprit :

— Suppose qu'au milieu de ce lieu désert on m'enferme dans une pièce, qu'on m'assassine et qu'on m'enfouisse dans le jardin, je n'ai personne à appeler au secours. Toi-même, alors, tu me donneras des coups de bâton. Non, je n'accepte pas ce genre de risque. Tu expliqueras à ta maîtresse que je ne peux pas. Dis-lui encore ceci : son oncle m'avait chargé de lui transmettre des messages fort importants. Je désirais vivement lui en parler. Mais ton maître m'a mis à la porte et, puisque je ne peux rien dire, je m'en vais.

Roupo vit que les cinq roupies allaient lui échapper.

— Mais, si cela vous gêne de rester ici, dit-il, ne pouvez-vous pas attendre dehors, un peu à l'écart ?

— C'est ce que je pensais moi aussi. En venant, j'ai vu, près de chez vous, au bord de la rivière, des marches pavées, auprès desquelles se dressent deux arbres de bokoul [1]. Connais-tu cet endroit ?

— Je le connais.

— Je vais aller m'y asseoir. Le jour tombe, lorsque la nuit sera venue, il ne sera pas facile de me voir là. Le cas échéant, si ma vie est menacée, je pourrai m'enfuir. Mais je n'accepte pas d'être battu comme un chien que l'on a enfermé dans une pièce.

N'ayant rien de mieux à proposer, Roupo alla répéter fidèlement à Rohini les paroles de Nishakor. Comment savoir ce qui se passait alors dans l'esprit de celle-ci ? Quand un être a lui-même tant de mal à comprendre ses propres pensées, il est impossible pour un autre d'en avoir la moindre idée. Nous ne pensons pas que Rohini ait aimé Brohmanondo au point de tout envoyer au diable pour avoir de ses nouvelles. Il devait y avoir autre chose. Rohini et Nishakor avaient échangé des regards, deviné mutuellement leurs pensées. Elle avait remarqué sa beauté, ses yeux immenses, et avait très vite apprécié ses qualités d'homme. Bien sûr, Rohini avait la ferme conviction qu'elle ne serait pas infidèle à Gobindolal, mais l'intention et la réalité sont différentes. Cette grande pécheresse avait peut-être pensé : « Quel chasseur n'éprouve pas son habileté en décochant une flèche, lorsqu'il rencontre un cerf sans défense ? Quelle femme, si elle est vraiment une femme, ne désire pas conquérir un homme qui se montre susceptible d'être conquis ?

1. Bokoul : cf. p. 53, n. 1.

Les tigres tuent les bœufs, mais ils ne les mangent pas tous, et les femmes ne conquièrent les hommes que pour faire flotter le drapeau de leur victoire. Beaucoup attrapent des poissons uniquement pour pêcher, puis ils les distribuent au lieu de les manger, beaucoup tuent des oiseaux uniquement pour chasser, puis les jettent lorsqu'ils les ont tués. Le but de la chasse est la chasse, non la nourriture. On y trouve je ne sais quel plaisir. »

Il est possible que Rohini ait songé : « Si ce cerf aux yeux immenses est entré par hasard dans le jardin de Proshadpour, pourquoi le laisserais-je aller sans le percer d'une flèche ? » Quelle que fût l'intention de cette pécheresse dépravée, elle accepta de se rendre le soir, à un moment favorable, aux marches pavées de la rivière Tchittra, toute seule et en secret, pour rencontrer Nishakor et avoir des nouvelles de son oncle. Lorsque Roupo en informa Nishakor, celui-ci se mit à sourire doucement et se sentit le cœur joyeux.

CHAPITRE HUITIÈME

Roupo parti, Nishakor appela Shona et lui dit :

— Depuis quand es-tu au service de ton maître ?

— Depuis qu'il est arrivé ici.

— Alors il n'y a pas longtemps ? Combien gagnes-tu ?

— Trois roupies par mois, la nourriture et les vêtements.

— Comment des serviteurs tels que vous peuvent-ils se contenter d'un si petit salaire ?

A ces mots le valet Shona s'attendrit :

— Que faire ? dit-il. Où trouver ici un autre emploi ?

— Pourquoi se tracasser pour du travail ? Si vous allez dans notre pays, on se précipitera sur vous et vous gagnerez facilement cinq, sept, dix roupies par mois.

— Voulez-vous avoir la bonté de m'emmener avec vous ?

— Comment t'emmener avec moi ? Tu ne saurais quitter le service d'un tel maître.

— Mon maître n'est pas méchant, mais ma maîtresse est terrible.

— Oui, j'en ai aussi eu la preuve. Tu es bien décidé à partir avec moi ?

— Bien sûr, c'est décidé.

— Alors avant de partir tu vas rendre un service à ton maître. Mais c'est une tâche qui demande beaucoup de circonspection. En seras-tu capable ?

— S'il s'agit d'une tâche honnête, pourquoi ne pourrais-je pas ?

— C'est bon pour ton maître, mais mauvais pour ta maîtresse.

— Dans ce cas-là, dites-le tout de suite, ce n'est pas la peine de tarder. Je suis parfaitement d'accord.

— Ta maîtresse m'a fait dire de rester assis sur les marches pavées de la rivière Tchittra, où elle viendra me rencontrer pendant la nuit. Cela, tu l'as compris. Je l'ai accepté. Mais mon intention est d'ouvrir les yeux de ton maître. Peux-tu aller lui faire part de ce rendez-vous en cachette ?

— Tout de suite, je me réjouirai de la ruine de cette peste.

— Attends un peu. Je vais pour l'instant me tenir sur les marches, pendant que toi, tu vas surveiller. Aussitôt que tu verras ta maîtresse se diriger vers cet endroit, tu iras avertir ton maître. Puis tu viendras me rejoindre.

— Oui, Monsieur, d'accord, dit Shona, et il lui toucha les pieds pour le saluer.

Alors Nishakor, se balançant doucement d'une allure désinvolte, alla se poster sur les marches qui embellissaient la rive de la Tchittra. Dans l'obscurité, les eaux, où se reflétaient les étoiles, s'écoulaient en silence, tandis que, de tous côtés, chacals, chiens et autres animaux poussaient des hurlements divers. Quelque part, au loin, assis sur un bateau, un pêcheur chantait à haute voix un cantique à la louange de la déesse Shyama [1]. C'étaient les seuls bruits que l'on entendait en ce lieu solitaire. Nishakor écoutait le chant et regardait la lumière vive qui venait de la fenêtre d'une pièce du premier étage de Gobindolal. Et il se disait :

« Que je suis cruel ! Que de complots je trame pour la ruine d'une seule femme ! Mais est-ce de la cruauté ? Punir les méchants est certainement un devoir. Puisque j'ai promis à mon ami d'accomplir cet acte pour sauver la vie de sa fille, je ne reculerai pas. Cependant je le ferai à contrecœur. Je sais que Rohini est une dépravée; je la châtierai pour ses fautes et j'arrêterai le flot des péchés : pourquoi me sentir mal à l'aise ? Il me semble que je ne m'inquiéterais peut-être pas tant si j'avais adopté un chemin plus droit. C'est de m'être dirigé par des voies sinueuses qui me

1. Shyama (Çyâmâ) : cf. p. 77, n. 2 (Dourgâ).

donne tant de scrupules. Du reste, qui suis-je pour punir le vice ou récompenser la vertu ? Seul Celui qui me punira ou me récompensera jugera également Rohini. C'est peut-être Lui qui m'a engagé dans cette affaire. Comment le savoir ?

« Krishna, puisque tu es toujours dans mon cœur,
Je ne fais que ce que tu me conseilles [1]. »

Tandis qu'il réfléchissait la nuit s'avançait.

Alors Nishakor aperçut Rohini qui s'approchait de lui à pas silencieux; elle se tint auprès de lui. Pour être plus sûr, Nishakor demanda :

— Qui est là ?

Rohini, de son côté, voulut aussi une confirmation :

— Qui es-tu ? demanda-t-elle.

— Je suis Rashbihari, répondit Nishakor.

— Je suis Rohini, dit Rohini.

— Pourquoi viens-tu si tard ?

— Je ne peux pas venir sans faire un peu attention. On ne sait jamais, quelqu'un pourrait me voir de quelque endroit. Je suis désolée de t'avoir causé tant de peine.

— Peu importe que j'aie eu de la peine, j'ai craint seulement que tu n'aies oublié.

— Si j'étais de ceux qui oublient, serais-je réduite à mener cette vie ? Je suis venue dans ce pays parce que je ne pouvais oublier un homme; et aujourd'hui c'est parce que je ne t'oublie pas que je me suis rendue ici.

Elle parlait ainsi lorsque quelqu'un arriva et lui serra le cou par-derrière. Elle sursauta et demanda :

— Qui est-ce ?

— Yama [2], répondit une voix grave.

Rohini reconnut que c'était Gobindolal et percevant un dan-

1. Distique sanskrit extrait de la *Bhagavad-Gîtâ*, adressé par Arjuna à Kṛṣṇa (incarnation de Viṣṇu, cf. p. 45, n. 2 et p. 46, n. 3) au sujet de la responsabilité de l'homme pour ses actes. Arjuna est l'un des Pâṇḍava, les cinq frères qui, dans l'épopée du Mahâbhârata, s'opposent aux Kaurava. Il symbolise le courage allié à la force ainsi que la réceptivité à l'enseignement spirituel.

2. Yama : cf. p. 86, n. 1.

ger imminent, elle eut la sensation de l'obscurité qui l'entourait et dit d'une voix tremblante de peur :

— Lâche-moi! Lâche-moi! Je n'avais aucune mauvaise intention en venant ici. Si tu le veux, demande à ce monsieur, pourquoi je suis là.

En disant cela, Rohini montra du doigt l'endroit où Nishakor s'était assis. Il n'y avait plus personne; à la vue de Gobindolal, Nishakor avait disparu en un clin d'œil, on ne sait où. Rohini fut stupéfaite :

— Comment, il n'y a plus personne nulle part!

— Il n'y a personne ici. Rentre avec moi à la maison, dit Gobindolal.

Rohini, désespérée, retourna à la maison avec Gobindolal.

CHAPITRE NEUVIÈME

Quand ils furent rentrés, Gobindolal défendit aux domestiques de monter :

— Que personne n'aille en haut, leur dit-il.

Le maestro était rentré chez lui.

Gobindolal emmena Rohini dans la chambre solitaire, ferma la porte, et Rohini, debout devant lui, se mit à trembler comme un roseau dans le courant d'une rivière. Gobindolal lui dit à voix basse :

— Rohini !

— Oui ! répondit Rohini.

— J'ai quelques mots à te dire.

— Quoi ?

— Qu'est-ce que tu es pour moi ?

— Tant que vous me garderez à vos pieds, je serai votre servante. Sinon je ne suis rien du tout.

— Ce n'est pas à mes pieds mais sur ma tête que je te gardais. Une fortune de prince, une propriété plus grande que celle d'un roi, une réputation sans tache, des principes moraux inébranlables, j'ai tout abandonné pour toi. Qui es-tu, Rohini, pour qui j'ai délaissé Bhromor, cette Bhromor unique au monde, dont la pensée rend heureux d'un bonheur inassouvi, et qui est le nectar des infortunés ?

Et en disant cela, Gobindolal ne put contenir plus longtemps sa douleur ni sa colère et donna un coup de pied à Rohini.

Elle s'assit, ne dit rien et se mit à pleurer. Mais Gobindolal ne vit pas ses larmes couler.

— Rohini, tiens-toi debout, dit Gobindolal.

Rohini se leva.

— Un jour, tu avais eu le désir de mourir. En as-tu encore le courage ?

Rohini, à cet instant, le souhaitait.

— Pourquoi ne voudrais-je pas mourir maintenant ? Tout ce qui devait m'arriver m'est arrivé, dit-elle d'une voix extrêmement angoissée.

— Alors reste debout. Ne bouge pas.

Gobindolal ouvrit la gaine de son pistolet et en sortit l'arme. Elle était toujours chargée. Le pistolet à la main, face à Rohini, Gobindolal demanda :

— Alors, tu as le courage de mourir ?

Rohini se mit à réfléchir. Cette fois, elle avait oublié le jour où elle était allée se noyer si facilement, sans hésitation, dans les eaux de Barouni. N'étant plus dans la même détresse, elle n'avait plus le même courage : « Pourquoi mourir ? Qu'il m'abandonne s'il le veut. Je ne l'oublierai jamais, mais ce n'est pas une raison pour mourir. Ce sera un bonheur pour moi, un rayon d'espoir de penser à lui, de me le rappeler si je me trouve dans la misère, de me souvenir de cette montagne de félicité connue à Proshadpour. Pourquoi mourir ? »

— Je ne veux pas mourir, lui dit-elle, ne me tue pas. Si tu n'as plus le désir de me garder à tes pieds, tu n'as qu'à me renvoyer.

— Soit !

Et Gobindolal leva le pistolet et visa le front de Rohini.

Rohini éclata en sanglots :

— Ne me tue pas ! Ne me tue pas ! Je suis à l'aube de ma vie, mon bonheur est encore neuf. Je ne me montrerai plus devant toi. Je ne viendrai plus sur ton chemin. Je vais partir tout de suite. Ne me tue pas !

Le pistolet de Gobindolal produisit un bruit sec, suivi d'un coup violent, puis tout fut noir. Rohini tomba à terre sans vie.

Jetant le pistolet sur le sol, Gobindolal s'élança hors de la maison.

Au coup de pistolet, Roupo et les autres domestiques montèrent pour voir ce qui était arrivé. Le cadavre de Rohini gisait sur le sol comme un lotus effeuillé par les ongles d'un enfant. Gobindolal avait disparu.

CHAPITRE DIXIÈME

Deuxième année.

La nuit même, le garde du village signala à la police qu'un meurtre avait été commis dans la maison de Proshadpour. Heureusement, le commissariat se trouvait à une distance d'environ six lieues et le sous-inspecteur de police ne put y arriver que le lendemain vers neuf heures du matin. Il procéda alors à une enquête sur le meurtre. Il fit une constatation en règle des faits, examina le cadavre, dressa un procès-verbal et envoya un rapport. Puis, après avoir enveloppé et attaché le cadavre de Rohini, il le chargea sur un char à bœufs et l'envoya à l'hôpital accompagné du garde. Après quoi, il se baigna et déjeuna et, à tête reposée, se mit en quête du meurtrier. Mais où pouvait être le criminel ? A peine le coup parti contre Rohini, Gobindolal avait quitté la maison et n'y était plus revenu. Comment savoir jusqu'où il avait pu aller en une nuit et une journée ? Personne ne l'avait vu, ni ne savait en quelle direction il s'était enfui. Personne ne connaissait même son nom. Jamais il n'avait révélé à Proshadpour son identité véritable, ni son domicile; il s'y était fait appeler Tchounilal Dotto. Même ses domestiques ne savaient de quel pays il était originaire. Pendant quelques jours, le sous-inspecteur alla interroger les gens un peu partout aux alentours : impossible de retrouver la trace de Gobindolal. Il envoya enfin un rapport définitif en déclarant que le coupable s'était enfui.

Alors un inspecteur très compétent de la police secrète, appelé Fitchel Khan, fut envoyé de Joshore. Il n'est pas nécessaire de décrire en détail les méthodes d'enquête de Fitchel Khan. Au cours d'une perquisition dans la maison, il trouva quelques lettres qui lui révélèrent le vrai nom et le domicile de Gobindolal. Inutile de dire qu'il prit la peine d'aller, déguisé, jusqu'à Horidragram. Mais Gobindolal ne s'y était pas rendu et, ne l'ayant pas trouvé, Fitchel Khan dut revenir.

Quant à Nishakor, abandonnant Rohini en péril, lors de cette nuit plus affreuse que la mort, il avait regagné son logement au marché de Proshadpour, où Madhobinath l'attendait. Ce dernier ne s'était pas rendu lui-même auprès de Gobindolal parce qu'il le connaissait très bien. Quand Nishakor lui eut tout raconté en détail, Madhobinath lui dit :

— Ce que tu as fait n'est pas bien. Cela peut provoquer un meurtre.

Et pour savoir ce qui allait en résulter, ils restèrent encore quelque temps soigneusement cachés. Dès le lendemain matin, ils apprirent que Tchounilal Dotto s'était sauvé après avoir assassiné sa femme. La frayeur et l'angoisse s'emparèrent d'eux et ils s'inquiétèrent pour Gobindolal; mais quand ils surent que le sous-inspecteur n'avait rien pu faire, puisqu'il n'y avait aucune trace de Gobindolal, ils se sentirent quelque peu soulagés, malgré leur profonde tristesse, et rentrèrent chez eux.

CHAPITRE ONZIÈME

Troisième année.

Bhromor n'était pas morte. Pourquoi, je ne sais. Dans ce monde, il est regrettable que personne ne meure au moment opportun. On meurt toujours quand il ne le faudrait pas, et c'est peut-être la raison pour laquelle Bhromor n'était pas morte. Quoi qu'il en soit, elle s'était à peu près remise de sa grave maladie et vivait de nouveau chez son père.

La femme de Madhobinath avait fait part très secrètement à leur fille aînée, la sœur de Bhromor, des nouvelles qu'avait apportées son mari. Et celle-ci en avait parlé à Bhromor très discrètement. Voici ce que Jamini, sa sœur aînée, lui disait aujourd'hui :

— Il peut bien venir maintenant habiter dans la maison de Holoudgan [1]. Cela ne comporte sans doute plus aucun danger ?

— Pourquoi aucun danger ? demanda Bhromor.

— Il vivait à Proshadpour sous un faux nom. Personne ne sait que c'est bien lui qui est Gobindolal.

— N'as-tu pas appris que les agents de police de Holoudgan étaient venus le chercher ? Alors comment se fait-il qu'ils ne le connaissent pas ?

1. Holoudgan : Horidragram, cf. p. 159, n. 1.

— Mettons qu'ils le connaissent. Cependant si, une fois ici, il entre en possession de ses biens, il aura de l'argent en main. Or papa dit qu'on peut acheter la police avec de l'argent.

Bhromor se mit à pleurer :

— Qui va lui donner ce conseil ? Où le trouver pour le lui donner ? Une fois, à force de chercher, papa l'avait découvert. Peut-il le retrouver de nouveau ?

— Comment Papa pourrait-il le retrouver alors que la police même, si habile à dépister, n'arrive pas à le découvrir en procédant à des enquêtes répétées ? D'après moi, Gobindolal reviendra s'installer de lui-même à Holoudgan. S'il se montrait tout de suite après cet événement de Proshadpour on penserait que c'est lui l'homme de Proshadpour et c'est peut-être pourquoi il ne s'est pas présenté jusqu'ici; mais on peut espérer qu'il reviendra maintenant.

— Je n'ai aucun espoir.

— Mais, s'il vient...

— S'il est mieux pour lui de revenir ici, je prie Dieu de tout mon cœur pour qu'il rentre. Mais s'il est mieux pour lui de ne pas revenir, je prie Dieu de tout mon cœur pour qu'il ne retourne plus dans cette vie à Horidragram. Puisse Dieu le diriger sagement pour qu'il reste en sûreté!

— A mon avis, ma sœur, tu devrais retourner là-bas. Qui sait, il peut y venir poussé par le manque d'argent. S'il se méfie des employés et n'ose pas les rencontrer, et s'il ne te trouve pas, il se peut qu'il reparte.

— Malade comme je suis, je vois mon existence osciller entre la vie et la mort; qui va s'occuper de moi là-bas ?

— Si tu veux, l'un de nous peut rester avec toi. Mais tu dois y rester.

Après avoir réfléchi, Bhromor lui dit :

— C'est d'accord, j'irai à Holoudgan. Demande à maman de m'y envoyer dès demain. Mais ce n'est pas la peine qu'aucun de vous y aille pour l'instant. Venez me voir le jour où je serai en danger.

— Quel danger, Bhromor ?

Les larmes aux yeux, Bhromor répondit :

— S'il revient...

— Cela peut-il être un danger ? Quelle plus grande joie peux-tu connaître que celle de voir le trésor perdu revenir dans la maison ?

— Une joie, ma sœur aînée ! Quelle joie me reste-t-il encore !

Bhromor se tut et Jamini ne comprit rien de ses pensées intimes. Elle ne comprit rien de ses pleurs à fendre l'âme. Avec les yeux de son cœur, Bhromor entrevoyait, comme sur une toile brumeuse, l'issue de cette affaire. Mais Jamini ne se doutait de rien. Elle ne se rendit pas compte que Bhromor ne pouvait pas oublier que Gobindolal était un meurtrier.

CHAPITRE DOUZIÈME

Cinquième année.

Bhromor se rendit de nouveau chez son beau-père et chaque jour elle attendait le retour de son mari. Mais son mari ne revint pas. Les jours s'écoulèrent, les mois passèrent, et son mari ne revenait pas. On ne reçut pas davantage de ses nouvelles et ainsi la troisième année se termina sans que Gobindolal réapparût. Puis la quatrième année s'acheva aussi et Gobindolal ne donnait toujours pas signe de retour.

D'autre part, la maladie de Bhromor commença à s'aggraver. L'asthme, la toux l'épuisaient chaque jour, la mort s'approchait et elle n'aurait peut-être pas la chance de le revoir dans cette vie.

Au cours de la cinquième année, une grande agitation se produisit. La nouvelle parvint à Horidragram que Gobindolal avait été arrêté. On apprit que, déguisé en ascète d'un ordre mendiant, il vivait à Brindabone [1] où la police l'avait pris pour l'emmener à Joshore; il devait y être jugé.

Bhromor apprit cette nouvelle par la rumeur publique. L'origine du bruit était dans une lettre que Gobindolal avait écrite à l'intendant en chef de Bhromor, où il disait ceci : « On va me mettre en prison. Si vous consentez à dépenser une

1. Brindabone : cf. p. 46, n. 3.

part de ma propriété paternelle pour ma défense, le moment est venu. Je ne le mérite pas et je n'ai pas envie de vivre. Mais je sollicite de ne pas être pendu. Informe les miens en faisant comme s'il s'agissait d'un bruit qui court, mais ne révèle pas que je t'ai écrit une lettre. »

Le premier intendant ne divulgua pas le secret de la lettre, mais fit tout de même parvenir le message dans la maison.

Dès qu'elle l'entendit, Bhromor envoya quelqu'un chercher son père et aussitôt Madhobinath se rendit auprès de sa fille. Bhromor lui remit cinquante mille roupies en billets et lui dit les larmes aux yeux :

— Papa, fais maintenant tout ce qu'il faut faire. Attention, ne me laisse pas me suicider.

Madhobinath, tout en pleurs, lui dit :

— Ma petite chérie! Rassure-toi, je vais partir aujourd'hui même pour Joshore. Ne t'inquiète pas du tout. Il n'y a aucune preuve que Gobindolal ait commis le meurtre. Avant de partir, je te promets que je te rapporterai quarante-huit mille roupies et ramènerai mon beau-fils chez lui.

Madhobinath s'en fut alors pour Joshore. Il y apprit que les preuves étaient irréfutables. C'était l'inspecteur Fitchel Khan qui avait fait une enquête sur l'affaire et envoyé des témoins. Il n'avait pu trouver la trace des témoins comme Shona, Roupo et tous ceux qui connaissaient vraiment la situation, puisque Shona était chez Nishakor et que personne ne savait où Roupo était parti. Mais, s'étant rendu compte du peu de valeur des preuves, Fitchel Khan avait préparé trois témoins en leur donnant de l'argent comptant. Les témoins affirmèrent donc devant le juge qu'ils avaient vu de leurs propres yeux que, venus chez Gobindolal, appelé Tchounilal, pour écouter de la musique, ils l'avaient vu assassiner Rohini en tirant sur elle un coup de pistolet de sa propre main. Le juge de première instance, un vrai Anglais tenu en haute estime par le Gouvernement pour sa bonne administration, renvoya Gobindolal, d'après ces témoignages, devant la cour d'assises. Lorsque Madhobinath arriva à Joshore, Gobindolal pourrissait en prison. La tristesse de Madhobinath fut grande quand il connut l'affaire dans tous ses détails.

Il se procura les noms et les adresses des témoins et se rendit chez eux. Il leur dit successivement à chacun :

— Mon ami ! Tout ce que tu as dit devant le juge de première instance, c'est fini, tout cela. Maintenant tu dois parler devant le juge des assises d'une autre manière. Tu dois dire que tu ne sais rien. Voici cinq cents roupies comptant pour chacun. Je donnerai à chacun encore cinq cents roupies lorsque l'accusé sera acquitté.

— Un parjure serait fatal pour nous, répondirent les témoins.

— N'ayez pas peur, dit Madhobinath. Avec de l'argent, je ferai prouver que Fitchel Khan vous avait battus et forcés à déposer un faux témoignage devant le juge de première instance.

Les témoins, de leur vie, ni leurs ancêtres depuis quatorze générations, n'avaient jamais vu à la fois mille roupies et ils consentirent.

Le jour du jugement aux assises arriva. Gobindolal était au banc des accusés. Le premier témoin se présenta et prêta serment. Le procureur l'interrogea :

— Connais-tu ce Gobindolal, autrement appelé Tchounilal ?

— Non, je ne crois pas.

— L'as-tu jamais vu ?

— Non.

— Connaissais-tu Rohini ?

— Quelle Rohini ?

— Celle qui habitait dans la maison de Proshadpour ?

— Ni moi, ni même mon père avant moi, ne sommes allés dans la maison de Proshadpour.

— Comment Rohini est-elle morte ?

— J'ai entendu dire qu'elle s'était suicidée.

— Sais-tu quelque chose au sujet du meurtre ?

— Rien du tout.

Alors le procureur relut au témoin la déposition qu'il avait faite devant le juge de première instance et lui demanda :

— Eh bien, n'était-ce pas tout cela que tu avais dit devant le juge de première instance ?

— Si, je l'avais dit.

— Si tu ne sais rien, alors pourquoi l'avais-tu dit ?

— A cause de la rossée. Fitchel Khan nous a battus comme plâtre.

Et sur ces mots, le témoin versa quelques larmes. Deux ou trois jours auparavant, à la suite d'une dispute sur des terres avec son propre frère, il s'était battu et en portait encore des marques. Le témoin, sans scrupules, les montra au juge de la cour d'assises en disant qu'elles étaient celles qui restaient des coups de Fitchel Khan.

Le procureur, embarrasé, appela le deuxième témoin qui répondit de la même manière. Il avait fait des plaies sur son dos en y appliquant du suc de rangchittro [1] — que ne ferait-on pas pour mille roupies ? — et il les montra au juge.

Le troisième témoin enfin déposa dans le même sens. Alors le juge, faute de témoignage, acquitta l'accusé et, très mécontent de Fitchel Khan, il conseilla au juge de première instance de procéder à une enquête sur sa conduite.

Pendant le jugement, Gobindolal avait été fort surpris de trouver des témoins à ce point favorables. Mais il avait tout compris lorsqu'il avait aperçu Madhobinath dans la foule.

Bien qu'acquitté, il dut retourner en prison en attendant l'ordre de levée d'écrou qui permettrait au geôlier de le relâcher. Au moment où il revenait à la prison, Madhobinath s'approcha de lui et lui souffla à l'oreille :

— Lorsque tu seras libéré de prison, viens me voir. J'habite tel endroit.

Mais une fois sorti de prison, Gobindolal ne se rendit pas auprès de Madhobinath et personne ne sut où il était parti. Pendant cinq ou six jours Madhobinath le chercha : il ne trouva aucune trace.

Enfin, ne sachant que faire, il retourna à Horidragram.

1. Rangchittro (râṅcittra) : plante de la famille des Acanthacées dont le nom scientifique est *Peristrophe tinctoria Nees (Justicia tinctoria Roxb.)*.

CHAPITRE TREIZIÈME

Sixième année.

A son retour, Madhobinath apprit à Bhromor que Gobindolal avait été mis en liberté, mais qu'il n'était pas rentré à la maison et qu'on n'avait pu savoir où il était parti. Dès que Madhobinath l'eut quittée, Bhromor pleura à chaudes larmes : je ne saurais dire pourquoi.

Gobindolal, lui, à peine acquitté, se rendit à Proshadpour où il trouva la maison déserte et vide. Il apprit que tous les biens que contenait l'immeuble avaient été volés ou vendus comme biens non réclamés. Il ne restait que la maison, dont même les portes et feuillures avaient disparu. Gobindolal resta un ou deux jours près du marché de Proshadpour, vendit pour une bouchée de pain le reste des briques et des bois et avec ce peu d'argent s'en alla à Calcutta.

Il y vécut clandestinement et de façon très modeste, vu la très petite somme d'argent qu'il avait apportée. Au bout d'un an celle-ci fut épuisée, et il n'eut plus de quoi vivre. Ce n'est que six ans après son départ qu'il songea à écrire une lettre à Bhromor.

Il se procura encre, plume et papier, et s'installa pour la rédiger. Avouons-le : quand il commença sa lettre, il pleura. Des larmes plein les yeux, il pensa qu'il ne savait même pas si Bhromor était encore en vie. A qui écrire ? « Je vais tenter ma chance en écrivant une lettre, se dit-il enfin. Si elle ne lui parvient pas, elle me reviendra, et je saurai ainsi que Bhromor n'est plus. »

Mais qu'allait-il écrire ? Il est difficile de dire combien de temps il réfléchit ainsi. Puis il estima qu'après avoir abandonné Bhromor pour toujours, il ne pouvait guère, quoi qu'il lui écrivît, accroître sa faute. Il commença donc :

« Bhromor !

« Ce scélérat que je suis t'écrit de nouveau une lettre après six ans de silence. Si tu en as envie, lis-la, sinon déchire-la sans même te donner la peine de la lire.

« Peut-être as-tu appris tout ce qui m'est arrivé. Si je te dis : je n'ai récolté que ce que j'avais semé, tu vas croire que je le dis pour te faire plaisir, puisque aujourd'hui je me présente à toi comme un mendiant.

« Je n'ai plus aucune ressource. Depuis trois ans je vis d'aumônes. Quand j'étais dans un lieu de pèlerinage j'en recevais; je n'en reçois pas où je suis actuellement et je meurs de faim.

« J'avais un seul refuge : Bénarès [1], sur les genoux de ma mère. Elle est décédée, tu le sais peut-être, — et je n'ai plus ni abri ni pain.

« C'est pourquoi j'ai décidé de montrer à nouveau ce visage couvert d'ignominie à Horidragram; sinon je ne pourrais plus vivre. Quelle honte peut avoir encore celui qui t'a délaissée malgré ton innocence, celui qui s'est donné à la femme d'un autre, qui est même allé jusqu'à tuer une femme ? Et comment avoir honte quand on n'a pas de quoi vivre ? Mais si, moi, je peux montrer mon visage infâme, c'est toi l'héritière de la propriété, ma maison est à toi, et je t'ai traitée cruellement : me donneras-tu asile ?

« Harcelé par la faim, je te demande un refuge, mais me le donneras-tu ? »

La lettre terminée, après maintes hésitations, Gobindolal la mit à la poste. Elle parvint à Bhromor à temps. Celle-ci recon-

1. Bénarès (Kashi) : cf. p. 134, n. 1.

nut aussitôt l'écriture, ouvrit la lettre, toute tremblante, alla dans sa chambre et en ferma la porte. Alors, assise dans la solitude, elle lut la lettre en essuyant ses yeux ruisselants de larmes. Elle la lut une fois, deux fois, cent fois, mille fois, et n'ouvrit pas sa porte de la journée. Quand on vint la chercher pour les repas, elle répondit :

— J'ai de la fièvre, je ne mangerai pas.

Comme elle avait souvent de la fièvre, tout le monde la crut.

Le lendemain, lorsque Bhromor se leva de son lit sans avoir dormi, elle avait vraiment eu de la fièvre, mais son esprit était calme et serein. Car elle avait décidé ce qu'elle allait répondre à la lettre et n'avait plus à réfléchir. Elle avait même choisi la formule de salutation. Elle ne commença pas par « votre servante », mais le mari étant vénéré en tout état de cause, elle employa la formule : « Après mille salutations, j'ai l'honneur de vous faire savoir que ».

Puis elle continua, « votre lettre m'est parvenue. La propriété est à vous, puisque, bien qu'elle me revînt, je vous en ai fait don. Au moment de me quitter, vous aviez déchiré l'acte de donation entre vifs, vous vous en souvenez peut-être. Mais il en est une copie au bureau d'enregistrement. Ma donation est valable encore maintenant.

« Par conséquent vous pouvez sans aucune difficulté revenir à Horidragram et rentrer en possession de votre propriété. La maison vous appartient.

« En outre, pendant ces cinq ans, j'ai économisé beaucoup d'argent. Il est aussi à vous. Acceptez-le en rentrant.

« De cette somme d'argent, je sollicite une petite partie, soit huit mille roupies. Pour trois mille roupies je ferai construire une maison au bord du Gange et je vivrai de cinq mille roupies.

« Lorsque j'aurai fait tous les préparatifs pour votre arrivée, j'irai chez mon père et j'y resterai jusqu'à ce que la maison neuve soit achevée. Nous ne nous reverrons vraisemblablement plus dans cette vie. Je m'en réjouis, comme vous, j'en suis sûre.

« J'attends une autre lettre de vous ».

La lettre parvint à Gobindolal à temps, cette lettre terrible qui ne contenait pas un mot de tendresse. Gobindolal avait au moins dit dans la lettre qu'il lui écrivait après six ans de silence; aucune allusion de la sorte dans la lettre de Bhromor. Était-ce bien sa Bhromor ?

Après l'avoir lue, Gobindolal écrivit ceci : « Je n'irai pas à Horidragram. Envoie-moi une aumône mensuelle pour me permettre de vivre ici. »

A quoi Bhromor répondit : « Je vous enverrai cinq cents roupies par mois. Je pourrais vous en envoyer bien davantage, mais cela risquerait d'être gaspillé. Je me permets également de vous dire que vous feriez mieux de venir ici pour jouir du revenu de la propriété qui s'accumule tous les ans. N'abandonnez pas votre pays à cause de moi, mes jours sont comptés. »

Mais Gobindolal resta à Calcutta : tous les deux comprirent que c'était la meilleure solution.

CHAPITRE QUATORZIÈME

Septième année.

En effet les jours de Bhromor étaient comptés. Depuis longtemps, le traitement médical la maintenait malgré sa maladie mortelle, mais il ne pouvait la guérir et maintenant elle s'affaiblissait de jour en jour. Elle s'alita au mois d'agrahâyan [1] et elle ne quitta plus son lit. Madhobinath vint lui-même et resta chez sa fille pour la faire soigner, mais en vain. Jamini aussi arriva à Horidragram pour donner à sa sœur d'ultimes soins.

La maladie ne pouvait être vaincue. Le mois de poush [1] s'écoula ainsi. Au mois de magh [1] Bhromor cessa de prendre des médicaments. Car tout remède devenait inefficace.

« Je ne prendrai plus de remède, ma sœur aînée, dit-elle à Jamini. Voici venir le mois de phalgoun [1]. Je désire mourir pendant la nuit de la pleine lune de ce mois. Veille bien à ce que cette nuit ne m'échappe pas. Si je lui survis, n'oublie pas alors de me pincer en cachette. Il faut que je meure, soit par la mala-

1. Agrahâyan, pauça, mâgha, phâlguna : respectivement les huitième, neuvième, dixième et onzième mois de l'année bengalie. Agrahâyan commence à la mi-novembre, pauça à la mi-décembre, mâgha à la mi-janvier et phâlguna à la mi-février. La fête de printemps, appelée Holi ou Dol, est célébrée le jour de la pleine lune de phâlguna, aux approches de l'équinoxe de printemps, en l'honneur du dieu Kṛṣṇa jouant avec les Gopîs (bergères).

die, soit par le pincement secret, pendant la nuit de la pleine lune. Garde bien cela dans ta mémoire, ma sœur aînée. »

Jamini eut beau pleurer, Bhromor ne prit plus aucun médicament. Elle n'en absorbait point, le mal ne se calmait pas et pourtant, de jour en jour, Bhromor devenait allègre.

Après être restée si longtemps sans sourire, Bhromor recommença à plaisanter et à rire. Depuis six ans, c'était la première fois. La lampe flamboie avant de s'éteindre.

A mesure que les jours s'écoulaient, Bhromor devenait de plus en plus calme, gaie et souriante. Enfin arriva cet affreux dernier jour où, à la vue de l'agitation des personnes de la maison et des pleurs de Jamini, Bhromor comprit que sa vie allait peut-être prendre fin le jour même. La douleur physique qu'elle ressentait lui donna la même impression. Alors elle dit à Jamini :

— Aujourd'hui, c'est le dernier jour.

Jamini pleura. Elle reprit :

— Ma sœur aînée, c'est aujourd'hui le dernier jour. J'ai une prière à te faire, exauce-la, je t'en prie.

Jamini pleurait toujours et ne répondit rien.

— Ma première prière est que vous ne pleuriez pas aujourd'hui. Vous verserez des larmes lorsque je serai morte, je ne reviendrai pas pour vous en empêcher, mais aujourd'hui j'ai envie de vous dire, sans qu'il y ait d'obstacle, les quelques mots que je peux encore vous dire avant de mourir.

Jamini essuya ses larmes et s'assit auprès d'elle, mais ne put parler à cause des sanglots qui étouffaient sa voix.

Bhromor continua :

— J'ai une autre prière à faire, c'est que personne sauf toi ne vienne ici. Je verrai chacun à son tour, mais maintenant je veux être seule avec toi. Je n'aurai plus l'occasion de te parler.

Combien de temps encore Jamini pourrait-elle contenir ses larmes ?

Peu à peu la nuit s'avançait.

— Ma sœur aînée, la nuit est-elle éclairée par la lune ? demanda Bhromor.

Jamini ouvrit une fenêtre, regarda et dit :

— Il fait un clair de lune merveilleux.

— Alors, ouvre toutes les fenêtres. Je voudrais mourir en regardant le clair de lune. Va voir si les fleurs se sont épanouies dans le jardin sous l'autre fenêtre.

C'était la fenêtre devant laquelle dans la matinée, debout, Bhromor causait avec Gobindolal. Il y avait aujourd'hui sept ans que Bhromor ne s'était pas approchée de cette fenêtre ni ne l'avait ouverte.

Jamini l'ouvrit avec difficulté et lui dit :

— Mais, ici, il n'y a pas de jardin de fleurs. Seules poussent des mauvaises herbes et quelques plantes mourantes sans fleurs, ni feuilles.

— Il y avait pourtant un jardin de fleurs, il y a sept ans. Il n'a pas été entretenu et il a dépéri. Depuis sept ans je ne l'ai pas regardé.

Bhromor se tut longtemps, puis elle reprit :

— Il faut, ce soir, ma sœur aînée, me faire parvenir des fleurs d'un endroit quelconque. Car, tu le vois, c'est cette nuit que je serai de nouveau étendue sur mon phoulshojja [1].

Sur l'ordre de Jamini les domestiques apportèrent une masse de fleurs.

— Répands-les sur mon lit, dit Bhromor, aujourd'hui, c'est mon phoulshojja.

Jamini répandit des fleurs sur le lit. Alors les yeux de Bhromor ruisselèrent de larmes. Jamini lui demanda :

— Pourquoi pleures-tu, ma sœur ?

— Ma sœur aînée, répondit Bhromor, j'ai encore une profonde peine. Le jour où il me quitta et partit pour Bénarès, ce jour-là, les mains jointes, les larmes aux yeux, j'avais imploré Dieu de m'accorder de le revoir un jour. J'avais eu l'audace de croire que, si je lui restais fidèle, nous nous rencontrerions de nouveau. Mais je l'ai pas revu. Ô ma sœur aînée, si je pouvais le voir une fois aujourd'hui, le jour de ma mort ! En une journée, j'oublierais le chagrin de sept ans !

— Tu veux le voir ? demanda Jamini.

1. Phoulshojja (phulaçayyâ) : lit nuptial, littéralement « lit de fleurs », allusion à la coutume hindoue qui consiste à décorer de fleurs le lit nuptial.

Comme frappée par la foudre, Bhromor sursauta :

— De qui parles-tu ?

— De Gobindolal, répondit Jamini tranquillement. Il est là. Papa lui avait fait part de la nouvelle de ta maladie. Aussi est-il venu pour te voir une fois. Il est arrivé aujourd'hui. Dans l'état où tu es, j'ai eu peur de te le dire. Lui non plus, il n'a pas eu le courage d'entrer.

Les larmes aux yeux, Bhromor dit :

— Laisse-moi le voir, ma sœur aînée ! Que je le voie encore une fois dans cette vie. Que je le voie encore une fois avant de mourir !

Jamini se retira. Un instant après, Gobindolal, sans bruit, rentra dans sa propre chambre à coucher, après sept ans d'absence.

Tous les deux pleuraient. Ni l'un ni l'autre ne pouvaient parler.

Bhromor fit signe à son mari de s'approcher d'elle et de s'asseoir sur le lit. Gobindolal s'y installa en pleurant et Bhromor lui demanda de venir plus près. Il se rapprocha encore. Puis, comme les pieds de son mari étaient à portée de sa main, Bhromor les toucha et mit la main à sa tête [1].

— Aujourd'hui pardonne-moi toutes mes fautes, dit-elle, et bénis-moi, que je sois heureuse dans ma prochaine vie.

Gobindolal ne put rien dire. Il prit la main de Bhromor dans la sienne et leurs mains restèrent longtemps unies. Bhromor s'éteignit en silence.

1. Ce geste qui consiste à toucher les pieds des personnes respectées (pour en ramasser la poussière) et à porter la main à sa propre tête est employé comme salutation et comme marque de vénération.

CHAPITRE QUINZIÈME

Bhromor était morte. Ses obsèques furent accomplies selon les rites. Puis, les cérémonies terminées, Gobindolal rentra et s'installa dans la maison. Depuis son retour, il n'avait parlé à personne.

La nuit se dissipa de nouveau. Le lendemain de la mort de Bhromor, le soleil se leva comme il se lève chaque jour. Les feuilles des arbres brillèrent dans l'ombre, les eaux bleues de l'étang scintillèrent en soulevant de petites vagues, les nuages noirs du ciel se transformèrent en nuages blancs, comme si Bhromor n'était pas morte. Gobindolal sortit.

Gobindolal avait aimé deux femmes, Bhromor et Rohini. Toutes les deux étaient mortes. L'insatiable besoin de beauté qu'il portait en lui pendant sa jeunesse l'avait poussé vers Rohini et il avait abandonné Bhromor pour elle. Mais à peine l'avait-il conquise qu'il s'était rendu compte que cette Rohini ne valait pas Bhromor, que la soif de la beauté n'était pas l'amour, que la jouissance n'était pas le bonheur, c'était le poison fatal provenant de la respiration de Bashouki [1] écrasé par le frottement de Mondar [1], et non le nectar s'écoulant du pot de Dhonon-

1. Bashouki : dans la mythologie hindoue, Bashouki (Vâsuki) est le nom du roi des serpents ou Nâgas, Mondar (Mandâr) celui d'une montagne utilisée comme bâton par les dieux et les démons (Asuras) pour le barattage de l'océan, au cours de l'âge d'or, pendant que Vâsuki était utilisé comme corde; le poison issu de sa bouche faillit détruire les trois mondes : ciel, terre et pâtâla (domaines souterrains ou infernaux).

tori [1]. Il comprit que, à force de baratter ce cœur de l'océan à coups répétés, il en avait fait sortir un poison mortel auquel il ne pouvait échapper, qu'il était condamné à boire, et Gobindolal le but comme Nilkontho [2]. Et comme lui il garda le poison dans la gorge, ne pouvant ni le digérer ni le rendre. Alors il se rappela jour et nuit le goût du pur nectar d'amour de Bhromor qu'il avait connu autrefois, son parfum paradisiaque qui lui revivifiait le cœur, le seul remède à tous ses maux. Au moment où, à Proshadpour, Gobindolal flottait dans les torrents de musique de Rohini, au même moment Bhromor régnait dans son cœur comme une souveraine absolue — Bhromor était en lui, si Rohini était à côté de lui. Mais il ne pouvait ni retrouver Bhromor, ni abandonner Rohini. Et c'est cette présence de Bhromor dans le cœur de Gobindolal qui entraîna la mort si rapide de Rohini, restée en dehors de lui-même. Si quelqu'un ne l'a pas compris, c'est en vain que j'ai écrit cette histoire.

Si, à ce moment-là, Gobindolal s'était séparé à l'amiable de Rohini et s'était présenté les mains jointes devant Bhromor en lui disant : « Pardonne-moi, donne-moi de nouveau une place dans ton cœur », s'il lui avait dit : « Je ne possède pas d'assez grandes vertus pour mériter ton pardon, mais toi, tu en as suffisamment pour me pardonner », alors peut-être que Bhromor lui aurait pardonné. Car les femmes sont toute indulgence, toute bonté, tout amour; elles sont la plus parfaite réalisation de Dieu; la femme est l'ombre de Dieu; l'homme n'est que sa création. La femme est la lumière, l'homme est l'ombre. La lumière aurait-elle pu abandonner l'ombre?

Mais Gobindolal ne put s'y résoudre, en partie par orgueil — l'homme est bouffi d'orgueil — en partie par honte — cette honte qui est le châtiment des méchants — en partie par peur, car le péché ne peut facilement faire face à la vertu. Il ne lui

1. Dhonontori (Dhanvantari) : nom du médecin des dieux, qui s'éleva du fond de l'océan au cours du barattage et apparut avec un pot de nectar à la main.

2. Nilkontho (Nîlakaṇṭha) : autre nom de Çiva; au cours du barattage de l'océan, pour sauver les trois mondes de la destruction, Çiva avait mis le poison dans sa gorge qui, sous son effet, était devenue bleue; d'où ce nom, littéralement « gorge-bleue ».

restait aucune voie pour lui permettre de se présenter devant Bhromor. Impossible de faire un pas. Ensuite, Gobindolal avait commis un meurtre. Tout espoir était désormais perdu. L'obscurité n'affronta pas la lumière.

Et pourtant un besoin passionné, irrésistible, brûlant de revoir Bhromor consumait Gobindolal d'année en année, de mois en mois, de jour en jour, à chaque heure, à chaque instant. Qui avait possédé un tel trésor ? Qui avait perdu un trésor semblable ? Bhromor était accablée de douleur comme lui. Mais elle était heureuse par rapport à ce qu'il éprouvait lui-même. La souffrance de Gobindolal dépassait ce que peut supporter un être humain. Bhromor avait trouvé un secours dans la mort; Gobindolal en était même privé.

La nuit se dissipa de nouveau, le monde rit de nouveau aux rayons du soleil. Gobindolal sortit de la maison. Il avait tué Rohini de sa propre main, il avait presque tué aussi Bhromor de la même manière, et c'est à quoi il réfléchissait lorsqu'il sortit.

Nous ne savons pas comment Gobindolal avait passé la nuit. Vraisemblablement, elle fut pour lui atroce. A peine avait-il ouvert la porte qu'il rencontra Madhobinath. Quand il le vit, Madhobinath resta les yeux fixés sur son visage qui portait l'ombre d'un mal inguérissable.

Madhobinath ne lui adressa pas la parole. Il s'était promis de ne plus jamais lui parler de sa vie. Sans proférer un mot, il s'en alla donc.

Une fois sorti de la maison, Gobindolal se rendit dans le jardin de fleurs qui se trouvait sous la chambre à coucher de Bhromor. Jamini avait eu raison de dire qu'il n'y avait plus de jardin de fleurs. Tout était couvert de mauvaises herbes et de plantes sauvages. Quelques plantes robustes y tenaient encore, à moitié mortes, mais les fleurs ne s'y épanouissaient plus. Longtemps Gobindolal se promena dans ce fouillis de mauvaises herbes. La matinée était fort avancée, le soleil devint très chaud. Fatigué par sa longue promenade dans le jardin, Gobindolal le quitta.

De là, sans parler à personne, sans regarder aucun visage,

Gobindolal se rendit au bord de l'étang de Barouni. Il était dix heures et demie du matin. Les eaux bleu foncé de l'étang de Barouni étincelaient de mille feux, hommes et femmes s'y baignaient en foule et les enfants y nageaient en pulvérisant du cristal sur les eaux profondes.

Cette cohue ne plut guère à Gobindolal qui se dirigea vers le lieu où se trouvait, au bord de l'étang, son jardin de fleurs de diverses couleurs, semblable au jardin du paradis [1]. D'abord, il s'aperçut que la grille avait été cassée et que la magnifique porte en fer avait été remplacée par une barrière de bambou. Car Bhromor, qui avait pris grand soin pour tout préserver à l'intention de Gobindolal, ne s'était pas du tout occupée de ce jardin. Un jour où Jamini lui en avait parlé, elle avait répondu : « Je suis sur le chemin de la mort et ce jardin paradisiaque n'a plus qu'à s'en aller en ruine. Ma sœur aînée, tout ce qui était pour moi sur la terre un paradis terrestre, à qui vais-je le confier avant de partir ? »

Gobindolal vit donc que la porte avait disparu et que la grille s'était effondrée. Il entra et ne trouva aucune fleur, le jardin n'étant rempli que d'herbes d'oulou [2] et d'autres plantes sauvages. Les pavillons couverts de lierre s'étaient écroulés, les statues, brisées en deux ou trois morceaux, gisaient sur le sol; quelques-unes se tenaient encore debout, mais abîmées et assaillies par des plantes grimpantes. La toiture du pavillon s'était crevassée; on avait cassé les persiennes et les vitres pour les emporter, on avait démonté et ôté du sol le dallage en marbre. Plus de fleurs épanouies dans le jardin, plus de fruits sur les arbres; la brise elle-même y soufflait-elle encore ?

Gobindolal s'assit au pied d'une statue cassée. Lentement midi arriva, et il resta là. Sa tête s'échauffa à la chaleur accablante du soleil, mais il ne sentit rien. Il était à bout de nerfs. Depuis la nuit précédente il ne pensait qu'à Bhromor et Rohini, qui lui apparaissaient successivement. A force de songer ainsi, il finit par les voir réellement devant lui. Le monde se remplit de

1. Paradis : le texte dit « Nandan »; cf. p. 64, n. 1.
2. Oulou : cf. p. 102, n. 1.

Bhromor et de Rohini. Assis dans ce jardin, il prenait chaque arbre pour Bhromor, à l'ombre de chaque arbre il apercevait Rohini assise. « Voici Bhromor debout ! Non, elle n'y est plus. Rohini était là, il y a un instant, où a-t-elle disparu ? » A chaque bruit il entendait la voix de Bhromor ou celle de Rohini. Quand les baigneurs se parlaient, il avait l'impression que c'était tantôt Bhromor, tantôt Rohini, tantôt toutes les deux qui conversaient ensemble. Le bruissement des feuilles mortes lui faisait croire que Bhromor arrivait, des insectes s'agitaient dans le bois et il lui semblait que Rohini se sauvait. Si les branches se balançaient au vent, c'était Bhromor qui soupirait, lorsque les doëls [1] appelaient, c'était Rohini qui chantait. Le monde était imprégné de Bhromor et de Rohini.

Midi sonna, puis la demie de treize heures, et Gobindolal était toujours là, au pied de cette statue cassée, dans ce monde rempli de Bhromor et de Rohini. Puis il fut quinze heures, puis seize heures trente et Gobindolal, sans avoir pris son bain, à jeun, était encore là, dans ce monde tout plein de Bhromor et de Rohini, dans la fournaise en flammes de Bhromor et de Rohini. Le jour baissa, mais Gobindolal ne se leva pas, il était privé de conscience. Ne l'ayant pas vu de la journée, les gens de sa maison avaient cru qu'il était reparti pour Calcutta, et ne s'étaient pas mis à sa recherche. La nuit tomba, le jardin devint obscur, les étoiles apparurent dans le ciel, la terre se tut : Gobindolal était toujours là.

Soudain, dans cette solitude sombre et silencieuse, Gobindolal fut pris de folie, et se mit à délirer. Il entendit distinctement la voix de Rohini et il lui sembla qu'elle lui disait à haute voix :

« ICI ! »

Gobindolal oublia à cet instant que Rohini était morte. Il demanda : « Ici — quoi ? »

Il entendit répondre :

« A CETTE HEURE ! »

1. Doël : cf. p. 69, n. 2.

Machinalement il reprit : « Ici, à cette heure — quoi, Rohini ? »

Devenu fou, il entendit Rohini répondre de nouveau : « Ici, à cette heure, dans cette eau,

« JE M'ÉTAIS NOYÉE! »

A ces mots sortis de son propre esprit, il demanda : « Vais-je me noyer ? »

De nouveau, la réponse surgit de son cerveau malade; « Oui, viens, Bhromor, assise dans le ciel, nous fait savoir qu'elle nous délivrera par la force de sa vertu. EXPIE. MEURS. »

Gobindolal ferma les yeux. Épuisé, tremblant, il tomba, sur les marches de pierre, évanoui.

Encore inconscient, il vit avec les yeux de son cœur que tout à coup la figure de Rohini se dissipait dans l'obscurité, tandis qu'illuminant peu à peu l'horizon le visage resplendissant de Bhromor s'élevait devant lui.

Celle-ci lui dit : « Pourquoi mourrais-tu ? Ne meurs pas. Veux-tu mourir parce que tu m'as perdue ? Il y a Quelqu'un qui t'est bien plus cher que moi. Si tu vis, tu Le posséderas. »

Cette nuit-là Gobindolal, sans connaissance, resta étendu à terre. Le matin, on le trouva et on l'emporta dans la maison. A la vue de son état déplorable, même Madhobinath éprouva de la compassion pour lui et tous s'unirent pour le faire soigner par un médecin. Si bien qu'en deux ou trois mois Gobindolal se rétablit.

Tout le monde s'attendait à ce que désormais il habitât à la maison. Mais il n'en fut pas ainsi. Une nuit, sans rien dire à personne, il s'en alla on ne sait où. Personne ne reçut plus de ses nouvelles.

Au bout de sept ans, comme on le croyait mort, on célébra sa cérémonie funèbre.

APPENDICE

Sotchikanto, neveu de Gobindolal, hérita de sa propriété, car il avait atteint sa majorité.

L'endroit où se trouvait autrefois le jardin d'agrément de Gobindolal était maintenant envahi de plantes sauvages très denses, et c'était là, dans ce jardin sans beauté, que Sotchikanto venait se promener tous les jours.

Car il connaissait cette triste histoire dans tous ses détails : il venait chaque jour se promener et, assis là, il l'évoquait. A force de songer ainsi, il finit par décider d'aménager de nouveau un jardin dans le même endroit. Il y mit une grille magnifique et, pour descendre dans l'étang, une volée de marches en merveilleux marbre noir fut construite. Il créa de nouveaux parterres et y planta des rangées d'arbres. Mais il ne fit plus pousser de fleurs colorées. Parmi les arbres indigènes, il choisit des bokouls [1], des kaminis [2], parmi les arbres exotiques, des cyprès, des saules. Au lieu du pavillon, il érigea un temple, mais il n'y éleva ni statue de dieu, ni statue de déesse; au prix de dépenses énormes, il fit confectionner en or une statue de Bhromor et la plaça à l'intérieur du temple. Et au pied de la statue, il grava l'inscription suivante :

1. Bokoul : voir p. 53, n. 1.
2. Kamini : cf. p. 69, n. 1.

A CELLE QUI ÉGALERA BHROMOR
POUR LA JOIE ET LA DOULEUR,
LES DÉFAUTS ET LES VERTUS,
JE DONNERAI CETTE STATUE EN OR.

Douze ans après la mort de Bhromor un shonnashi [1] se présenta à la porte du temple. Sotchikanto était là et le moine lui dit : « Je voudrais voir ce qu'il y a dans ce temple. »

Sotchikanto en ouvrit la porte et lui montra la statue d'or de Bhromor :

— Cette Bhromor était à moi, dit l'ascète. Je suis Gobindolal Ray.

La stupeur cloua Sotchikanto sur place. Il demeura sans parole, mais peu à peu sa surprise disparut, et il se prosterna à ses pieds. Puis il essaya de l'amener à la maison, mais Gobindolal refusa :

— C'est aujourd'hui que s'achèvent les douze ans de ma vie d'ermite [2]. Après les avoir accomplis, je suis venu ici pour vous bénir. Maintenant que je t'ai donné ma bénédiction, je m'en vais.

Alors Sotchikanto, les mains jointes, lui dit :

— La propriété est à vous, jouissez-en.

— J'ai trouvé un trésor, répondit Gobindolal, qui est plus grand que toutes les propriétés, tous les biens, et que ne possède même pas Kouber [3]. J'ai trouvé ce qui est plus doux que Bhromor, plus pur quelle et je n'ai plus besoin de la propriété; jouis-en toi-même.

Sotchikanto lui demanda humblement :

— Trouve-t-on toujours la paix dans l'ascétisme ?

— Non, répondit Gobindolal. Ce vêtement d'ascète ne sert qu'à passer inaperçu. Le seul moyen de trouver la paix est d'offrir

1. Shonnashi (sannyâsi) : ascète, homme qui a renoncé au monde et embrassé la vie érémitique.

2. Vie d'ermite (ajñâtabâsa) : mode de vie adopté pour expier des péchés et qui interdit les rapports avec parents et amis et autres attachements terrestres.

3. Kouber (Kubera) : dieu qui est le maître des trésors de la terre; il habite Alakâ, l'un des sommets de l'Himâlaya.

son âme à Dieu. Maintenant c'est Lui qui est ma propriété, c'est Lui qui est ma Bhromor, — Bhromor plus grande que Bhromor.

A ces mots, Gobindolal s'en fut. Nul ne le revit jamais dans Horidragram.

CONNAISSANCE DE L'ORIENT

1. Tchouang-tseu : *Œuvre complète.*
2. Bibhouti Bhoushan Banerji : *La complainte du sentier.*
3. Zeami : *La tradition secrète du nô,* suivi de *Une journée de nô.*
4. *Contes du Vampire.*
5. Sei Shônagon : *Notes de chevet.*
6. Hymnes spéculatifs du *Véda.*
7. *Au cabaret de l'amour* (*Paroles* de Kabîr).
8. Natsume Sôseki : *Je suis un chat.*
9. Ihara Saikaku : *Cinq amoureuses.*
10. Chen Fou : *Récits d'une vie fugitive (Mémoires d'un lettré pauvre).*
11. Wou King-tseu : *Chronique indiscrète des mandarins,* I.
12. Wou King-tseu : *Chronique indiscrète des mandarins,* II.
13. Akutagawa Ryûnosuke : *Rashômon* et autres contes.
14. Mythes et légendes extraits des *Brâhmanas.*
15. Urabe Kenkô : *Les heures oisives.* Kamo no Chômei : *Notes de ma cabane de moine.*
16. P'ou Song-ling : *Contes extraordinaires du Pavillon du Loisir.*
17. *Histoires qui sont maintenant du passé.*
18. Natsume Sôseki : *Le pauvre cœur des hommes.*
19. Z. Safâ : Anthologie de la poésie persane (XIe-XXe siècle).
20. Ihara Saikaku : *Vie d'une amie de la volupté.*
21. *L'antre aux fantômes des collines de l'Ouest* (Sept contes chinois anciens, XIIe-XIVe siècle).
22. Nguyên Du : *Kim-Vân-Kiêu.*
23. Bankim Chandra Chatterji : *Le testament de Krishnokanto.*
24. Ling Mong-tch'ou : *L'amour de la renarde* (*Marchands et lettrés de la vieille Chine* — Douze contes du XVIIe siècle).
25. Nagaï Kafû : *La Sumida.*
26. Lou Siun : *Contes anciens à notre manière.*

Ouvrage reproduit
par procédé photomécanique.
Impression S.E.P.C.
à Saint-Amand (Cher), le 5 avril 1988.
Dépôt légal : avril 1988.
Numéro d'imprimeur : 700.
ISBN 2-07-071330-X. / Imprimé en France.

43185